SOS
TRAVAIL SOUS TENSION

FABRICE GATTI

SOS
TRAVAIL SOUS TENSION

Défis et solutions
pour un monde du travail
en détresse

Enrick B.
— ÉDITIONS —

www.enrickb-editions.com

Conception couverture : www.michaeltrubert.com
Réalisation couverture : Comandgo

ISBN : 978-2-38313-364-3

À mon ami, le regretté François Dupuy,
dont la perspicacité, l'humanité et nos échanges
ont évité les affres d'une pente dogmatique
par nature contre-productive.

Préface

> « Chaque génération, sans doute, se croit vouée à refaire le monde. La mienne sait pourtant qu'elle ne le refera pas. Mais sa tâche est peut-être plus grande. Elle consiste à empêcher que le monde se défasse[1]. »

Il est des rencontres inattendues dans la vie des humains qui font une amitié, une relation amoureuse ou une complicité intellectuelle. Toutes obéissent à ce hasard objectif des choses révélées qui fabrique ce sentiment d'une inquiétante familiarité dans la rencontre. C'est incontestablement ce sentiment d'inquiétante familiarité – du « double », disait Freud – que j'ai éprouvé à la lecture de *L'autruche et le curieux* de Fabrice Gatti. Nos trajectoires de vie professionnelle sont très différentes, et cependant nous parvenons à des analyses et à des conclusions fort proches.

Dans cet ouvrage, Fabrice Gatti nous invite à considérer une nouvelle approche pour recréer le pont nécessaire entre les enjeux des entreprises et les besoins des individus. Il propose de déconstruire la pensée mécaniciste actuelle pour oser une alternative humaniste : un environnement favorable à la motivation personnelle, à l'épanouissement

1. Albert Camus (1957), *Discours de Suède*, Paris, Gallimard, 1958, p. 18-19.

subjectif et social, et à la performance individuelle et collective émancipée de la tutelle normalisatrice des évaluations. C'est toute une théorie implicite du *bonheur* que Fabrice Gatti élabore.

Dans le présent ouvrage, après avoir constaté la perte dirimante des repères et la course en avant vers le gouffre, il réaffirme sa thèse de base : « Depuis l'avènement de l'ère industrielle, une "guerre des étoiles" idéologique voit s'affronter ce que je nomme "l'Empire C4" (capitaliste, comportementaliste, commandant et contrôlant), qui impose sa vision mécaniste et déshumanisée du monde, et les "Rebelles humanistes", tentant de remettre l'individu au centre de l'échiquier. » Il fait partie de ces « rebelles » ; moi aussi. Voici sans nul doute ce qui l'a conduit à me demander cette préface. Et, sans nul doute, ce qui m'a conduit à accepter de l'écrire.

Son livre commence par le constat selon lequel la « déshumanisation de la société » s'est accomplie tout au long du XXe siècle et façonne les *habitus* en usage dans les entreprises : « Malgré les assouplissements apparents des dernières décennies, les entreprises se sont irrémédiablement tournées vers un management par la règle, le contrôle et la mesure. Cela ne se traduit plus seulement par les pratiques managériales et organisationnelles classiques (bonus, pointeuses, intéressements, temps de pause prédéfinis, structures pyramidales rigides, etc.), mais également par le recours de plus en plus fréquent aux outils technologiques, comme l'intelligence artificielle et les progiciels[2] de gestion intégrée (PGI). » Et Fabrice Gatti constate que « les dirigeants, aveuglés par leur logique court-termiste et obsédés

2. Contraction de « produit » et « logiciel ». Alors que le logiciel vise à faciliter les tâches informatiques du plus grand nombre (traitement de texte, par exemple), le progiciel tend à faciliter l'ensemble des tâches spécifiques à un domaine d'activité.

par l'illusion de maîtrise, retissent aujourd'hui, comme au temps du fordisme, des méthodes standardisées efficaces, à défaut d'être performantes. Incapables d'intégrer la diversité et la flexibilité des modes de production (pourtant indispensables dans le cadre de l'approche client), les outils technologiques, tels les PGI, brisent tout élan individuel et toute forme de créativité. » Cette taylorisation des tâches et cette standardisation des comportements conduisent à ce que je nomme « une prolétarisation » de l'existence qui *empêche* les actes de création[3]. L'empêchement est devenu, de nos jours, la forme préférée de la censure.

Fabrice Gatti, après avoir posé ce diagnostic clinique sur la sclérose de nos institutions prises dans le mirage des valeurs modernes de performance, de concurrence et de vitesse, établit sa prescription thérapeutique : « Les entreprises, l'administration ou l'école devraient toutes se positionner dans une dynamique réelle de transformation si elles veulent (re) devenir un potentiel de réalisation individuelle et collective pour une société plus harmonieuse. Cette refécondation essentielle ne peut découler d'une pensée dogmatique et naïve, ou d'un "saupoudrage" au niveau managérial ou éducationnel. Elle doit prendre appui sur une observation approfondie de notre configuration et passer d'une vision négative et égocentrique de l'être humain à une conception plus positive et humaniste. Elle doit également s'accompagner d'une sortie rapide d'un néolibéralisme effréné qui renforce les inégalités, déconstruit la notion même d'*État social* et ne permet pas d'atteindre cette performance tant recherchée. » Il affirme que le changement est nécessaire et démontre qu'il est possible à certaines conditions, au premier rang desquelles la sortie d'une pensée néolibérale hégémonique qui asservit l'individu autant qu'elle détruit notre habitat. Lorsque Fabrice Gatti « ose » réclamer de la « patience »

3. Gori, Roland, *La fabrique de nos servitudes*, Paris, LLL, 2022.

pour réaliser cette nécessaire transition, nul doute que cette audace heurte de plein fouet le « présentisme » cher à notre époque et qu'un Nicolas Berdiaeff nommait « l'actualisme » des organisations maltraitant les organismes vivants. Pour éviter la fin *du monde*, il nous faut acter la fin *d'un monde*. L'analyse des cotations en Bourse à laquelle se livre Fabrice Gatti est précieuse pour tous ceux qui n'ont pas l'expérience du monde industriel et qui, néanmoins, retrouvent dans ce champ social les erreurs de management qu'ils connaissent dans leurs propres domaines.

À distance des paradigmes quantitativistes actuels, l'ouvrage montre le rôle central de la *motivation* et des *effets de contexte*. Nul étonnement de ce fait que la deuxième partie de l'ouvrage s'inspire de différents travaux, dont ceux d'économistes, auteurs que je connais fort mal, tant il est vrai que, pour le psychanalyste, l'économie, en particulier expérimentale, est suspectée de compromissions avec le paradigme néolibéral. Fabrice Gatti réussit le « tour de force » de rendre ces travaux d'économie compatibles avec une approche humaniste de psychologie et de sociologie critiques. C'est l'un des mérites, et non des moindres, de ce travail que de prendre le risque d'une « créolisation » des savoirs qui amplifie la puissance spécifique de chacun d'entre eux.

Enfin, Fabrice Gatti montre l'aspect essentiel de la motivation autonome pour une dynamique individuelle et collective durable. « Lorsque l'organisation soutient les besoins fondamentaux, les individus ressentent une satisfaction accrue dans leur travail, y compris pour les tâches inintéressantes, et ont une confiance plus élevée en leur hiérarchie et dans l'organisation. Cette confiance encourage l'acceptation du changement, renforce l'attachement à l'entreprise, diminuant ainsi significativement *turnover* et absentéisme. » La mondialisation et l'enjeu planétaire qu'elle conditionne favoriseront, selon Fabrice Gatti, la *transition nécessaire* qui devrait refonder nos organisations du travail. Les références appuyées à l'œuvre d'Edgar Morin et à sa pensée de la « complexité » servent de « boussole » pour analyser les effets de l'environnement et tenter d'éviter l'implosion des systèmes.

Dans la troisième partie de l'ouvrage, avec C.R.A.F.T.[4], Fabrice Gatti « dessine un chemin possible pour retisser le fil entre les enjeux des entreprises et les besoins des individus. Cette voie n'est ni certaine ni la seule possible. En m'appuyant sur les travaux des diverses sciences sociales et humaines, j'espère avoir évité la pente d'une pensée dogmatique, par essence contre-productive pour proposer une approche utile à la refécondation des organisations et au ressourcement des individus. » Dans cette partie du livre, le *désir de liberté* est mis en connexion avec les exigences de l'environnement. De cette double contrainte naît la *nécessité de la coopération* aux antipodes de ce que je nomme le « naturalisme économique » cher à Herbert Spencer et recyclé par les néolibéraux.

L'une des grandes originalités de l'ouvrage est de conjoindre les recherches théoriques les plus pointues en sciences humaines et sociales, l'expérience au ras du terrain et le souci pédagogique des schémas explicatifs. De cette façon, le *talent* auquel nous exhorte l'ouvrage est aussi celui que nous montre son auteur. Avec ce livre, nous quittons les rivages d'un monde individualiste, au sein duquel les élites ont fait sécession, pour toujours nous rapprocher davantage d'un monde du vivant où la biodiversité des espèces est préservée grâce à la *biodiversité des savoirs et des expériences.*

4. Rappel : *craft* signifie « habileté », art » en anglais ; C : compétence ; R : relation ; A : autonomie ; F : finalité et *frame* (« cadre » en anglais) ; T : talent.

Ce livre, que j'ai le plaisir de préfacer, invite au voyage dans l'imaginaire des univers multiples et complexes de l'économie, de la psychologie des individus, de la sociologie des organisations et de l'écologie, faisant sienne cette pensée du poète et philosophe antillais Édouard[5]. »

Roland Gori

---

5. « Rien n'est vrai, tout est vivant » est le titre de l'ultime conférence publique qu'Édouard Glissant a donnée, le 8 avril 2020, à la Maison de l'Amérique latine, en clôture du séminaire de l'Institut du Tout-Monde.

Introduction

Ce livre, fruit d'une lente maturation d'expériences professionnelles variées et d'observations minutieuses du monde des organisations, s'enracine également dans diverses recherches et lectures pluridisciplinaires. Chemin faisant, cette « matière » accumulée s'est transformée en une réflexion plus profonde sur la place de l'individu dans les organisations, le monde du travail, et la société en général.

Pour l'observateur attentif, quel que soit le domaine que l'on scrute, à l'évidence quelque chose ne tourne pas rond. Un quelque chose d'insidieux qui tend le monde. Un je-ne-sais-quoi qui tord les âmes, engendrant beaucoup de maux au niveau individuel, sociétal et planétaire.

Sur le plan professionnel, par exemple, nous n'avons jamais autant parlé de bonheur au travail ni autant investi dans le bien-être des collaborateurs et l'épanouissement personnel. Paradoxalement, jamais les collaborateurs n'ont été aussi désengagés et désemparés. De même, les organisations n'ont jamais autant prôné l'autonomie et la responsabilisation des salariés, et paradoxalement les mécanismes de contrôle et les outils de suivi de la performance n'ont jamais été aussi omniprésents, étouffant toute créativité et toute prise d'initiative.

Ces paradoxes modernes prennent corps dans un néolibéralisme débridé qui régente la vie de la cité autant que nos comportements. Depuis un demi-siècle, ce système hégémonique, délesté des grands idéaux des Lumières, a colonisé les « territoires » politiques, professionnels, éducationnels et sanitaires, créant un environnement institutionnel uniquement dirigé vers la croissance permanente et l'augmentation du profit. Comme le mentionne David Harvey, cette doctrine, devenue idéologie, a « pénétré les modes de pensée, au point de s'infiltrer dans le sens commun, c'est-à-dire dans la façon dont nous habitons, interprétons et comprenons le monde[1] ».

Dès lors, quoi de plus normal que d'organiser les activités du travail autour des attentes d'un marché dont la logique est uniquement économique ? Sous couvert d'une liberté individuelle étroitement surveillée et d'une dignité humaine menacée, le système néolibéral nous a enchaînés aux fers de l'efficacité, de l'utilité et du profit. Ainsi, le temps normé, ayant remplacé le temps naturel, rythme nos vies et nos comportements, chaque décision passant au tamis de la rentabilité et de la rationnalité. Comme le souligne Roland Gori, « le temps c'est de l'argent et transformer le temps de vie en temps de travail vise à transformer le vivant en marchandise, marchandise que l'on dévalue ou que l'on réévalue en fonction des besoins du marché et du pouvoir politique[2] ».

L'organisation et le management, drapés d'un discours convenu sur la bienveillance, la responsabilisation et le bien-être, corsètent donc le quotidien des individus dans des pratiques contrôlantes et normées, aux antipodes de nos besoins fondamentaux et de nos aspirations profondes.

1. Harvey, David, *Brève histoire du néolibéralisme*, Paris, Les Prairies ordinaires, 2014, p. 17.
2. Gori, Roland, *La fabrique des imposteurs*, Paris, Les liens qui libèrent, 2022, p. 58.

Cette vision simplificatrice du monde, qui nie la complexité du réel, aboutit à ce que François Dupuy appelle une « pensée paresseuse ». Une crise de la pensée conduisant à se précipiter sur les solutions sans s'intéresser aux problèmes, à catégoriser systématiquement les êtres humains, à s'emparer du dernier concept à la mode censé tout résoudre, mais qui, finalement, ne produit qu'incompréhension, désengagement et piètres résultats.

Or, la scrutation du vivant autant que l'apport des sciences sociales et humaines nous montrent que la pérennité d'une organisation ne repose pas sur la duplication de méthodes standardisées et le pilotage par les chiffres, mais sur la qualité de l'interdépendance entre environnement, management et acteurs du système.

Clinique Foldingo, chambre 335[3].

Docteur Ivanov : Cher monsieur, étant donné vos propos, je comprends la demande de prise en charge dans notre établissement. Quel est le diagnostic initial ?

Infirmière Ilda : Discours hallucinatoire sur les questions de motivation, de contexte favorable et défavorable à l'épanouissement et à la performance. Évaluation de niveau 2 pour internement psychiatrique.

D. : Je vous laisse gérer le diagnostic. Je suis attendu à un colloque.

Fabrice Gatti : Pourquoi suis-je là ?

I. : Pour rien, ne vous inquiétez pas. Tout va bien se passer. Reposez-vous, je reviens tout de suite.

F. : Où en étais-je ? Ah oui...

---

3. L'infirmière Ilda et le docteur Ivanov reviendront régulièrement au cours de cet ouvrage, illustration de cette lutte idéologique au sein de la société et des conséquences des pratiques organisationnelles actuelles sur nos comportements et ressentis.

Ce livre affiche une ambition assumée : proposer un chemin non dogmatique pour reféconder les organisations et ressourcer les individus.

En premier lieu, je mettrai en lumière comment les pratiques contrôlantes et déshumanisées actuelles nuisent aux individus et se révèlent antinomiques avec la « quête de performance », ambitionnée par le système néolibéral.

Après avoir exploré les signes d'un changement nécessaire et enfin possible, je tenterai de déconstruire les mythes autour de la motivation et de la nature humaine. Nous bâtirons les fondations solides d'une compréhension du fonctionnement humain et identifierons les contextes qui favorisent ou entravent notre action en milieu professionnel.

Enfin, la troisième partie, la plus fournie, ouvrira des pistes concrètes pour implanter un environnement ressourçant pour les individus et les organisations, une configuration qui préfère l'œuvre des humains et la chaleur de la coopération au travail mort de l'argent et à la froideur des chiffres.

En parallèle avec le défi écologique, qui ne nous laissera bientôt plus le choix, nous sommes également tous placés devant un enjeu majeur et moins visible : éviter une amotivation totale d'un système à bout de souffle et relancer une dynamique favorable aux individus et à la société.

PARTIE I

L'ÉQUILIBRE PRÉCAIRE DU MONDE

Chapitre 1

Origines et symptômes d'un monde sous tension

> « C'est à notre époque, bien souvent au nom même de la liberté, que se créent de nouvelles formes de servitudes »
>
> Roland Gori[1]

I. Une perte accélérée des repères individuels et sociétaux

Au cours des deux derniers siècles, notre planète a subi une transformation sans précédent, marquée par une densification fulgurante de sa population, une accélération vertigineuse de ses rythmes de vie, une fissuration profonde de ses structures traditionnelles et la destruction durable de son habitat. Sur le plan *démographique*, nous sommes passés de 600 millions d'individus, au XVIIIe siècle, à presque 8 milliards d'âmes aujourd'hui. Au niveau *sociétal*, le siècle dernier a été le témoin du démembrement des traditions familiales, religieuses et idéologiques. Ainsi, la religion

1. Gori, Roland, *La fabrique des imposteurs*, Paris, Les liens qui libèrent, 2013, p. 47.

chrétienne, boussole communautaire et politique du monde occidental pendant deux mille ans, a connu un déclin rapide et sans précédent au profit des sciences, de l'économie et de l'individualisme. La répartition ancestrale des rôles entre les femmes et les hommes s'est remodelée en soixante ans à peine. Le capitalisme, « vainqueur » du combat idéologique, s'impose comme le seul chemin possible. Enfin, l'utilisation massive des matières fossiles et la frénésie consumériste dégradent durablement notre planète autant qu'elles régentent la vie de la cité.

Ces exemples ne sont que des traits saillants de la crise de sens vécue par les sociétés occidentales et de la crise identitaire de leurs citoyens. Or, ces bouleversements majeurs et les dysfonctionnements qu'ils provoquent sont autant de possibilités de changements que de risques d'incompréhension, d'instabilité, voire de rejets.

Les réactions « conservatrices » face à ces évolutions sont naturelles. En vertu du principe d'homéostasie[2] (cf. schéma), tout système vivant tend à maintenir son état initial par un mécanisme d'autorégulation permanente. Le but premier d'un système étant sa survie, les éléments le constituant prennent, en fonction des informations à leur disposition, des décisions pour maintenir une stabilité relative, mêmes si les conséquences s'avèrent contre-productives, absurdes, voire potentiellement destructrices pour le système lui-même. Au niveau économique, les solutions envisagées aujourd'hui ne peuvent s'écarter du prisme de *la croissance et du progrès*, vecteurs privilégiés du capitalisme. Sur le plan professionnel, ce besoin excessif de stabilité incite les dirigeants à maintenir des pratiques managériales traditionnelles inefficaces, privilégiant l'argent comme principal

2. En 1865, Claude Bernard pose le principe d'homéostasie dans *Introdution à l'étude de la médecine expérimentale*. Il s'agit de la capacité d'un système à se réguler pour se maintenir dans un état relativement stable malgré les contraintes extérieures.

facteur de motivation et exerçant un contrôle au quotidien des collaborateurs.

Schéma 1 :
Les mécanismes de régulation des systèmes à composantes humaines

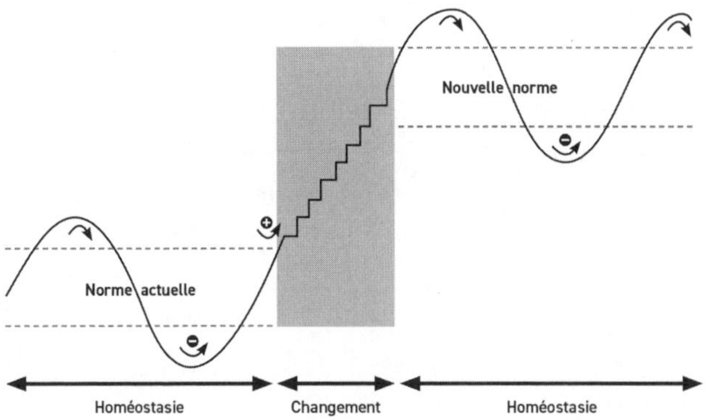

Tressé aux principes d'*évolution* et de *contextualisation*, ce mécanisme d'homéostasie offre un cadre sérieux pour appréhender les enjeux contemporains et proposer des solutions adaptées à une réalité de plus en plus instable.

- Le principe d'*évolution* rappelle que tout système naît, grandit, décline et finit par s'adapter ou mourir à plus ou moins long terme. Pas plus le soleil qu'un individu, un empire ou une entreprise ne peuvent s'y soustraire.
- Le principe de *contextualisation* nous invite à sortir d'une pensée rigide et simpliste pour embrasser la complexité du monde, et ainsi faire preuve de discernement face à l'incertitude.

Dans une société marquée par le désengagement des salariés, la transformation du travail et l'accélération des interactions et de la concurrence au niveau mondial, les pratiques organisationnelles actuelles ont atteint leurs limites et se révèlent contre-productives. Une transformation, au sens systémique[3] du terme, basée sur de nouveaux principes directeurs, notamment au niveau collaboratif et décisionnel, est nécessaire pour espérer reféconder les organisations et ressourcer les individus.

Or, « l'insécurité » croissante générée par le système capitaliste, engendrant des tensions individuelles, collectives et idéologiques, favorise le retour à des concepts dépassés, mais rassurants.

Ainsi, au niveau *sociétal*, citons le regain du puritanisme anglo-saxon[4], le recentrage identitaire d'un certain nombre de pays, comme le Brexit (2016-2021), l'élection de Trump (2017-2021), la tentative d'annexion de l'Ukraine par Poutine ou la montée du populisme et de l'extrême droite en Europe et en Amérique du Sud.

Au niveau *personnel*, « la perte de confiance dans l'avenir, la peur et l'angoisse suintent de tous les espaces sociaux[5] », conduisant de nombreux individus à se réfugier dans la foi pour retrouver certains repères ou à se replier sur eux-mêmes pour échapper à un environnement toxique.

Au niveau *familial*, nous assistons à un phénomène similaire. En effet, le XXe siècle s'est accompagné d'une

---

3. L'approche systémique s'applique aux individus et aux organisations. Elle distingue deux types de changement. Celui de niveau 1 se définit comme une modification de facteurs à l'intérieur d'un système qui conserve une stabilité (homéostasie). Le changement de niveau 2 est une modification qui affecte le système lui-même et l'amène à changer (évolution/transformation). La Révolution française est un exemple de changement de niveau 2.

4. Le puritanisme est un courant spirituel calviniste dont le but était de « purifier » l'Église d'Angleterre et de Nouvelle-Angleterre du catholicisme aux XVIe et XVIIe siècles. Au sens figuré, il traduit un courant de pensée qui prône un certain moralisme et un certain rigorisme dans la société. De nombreux auteurs (citons Bret Weinstein, Bari Weiss et Bernard Cohen) montrent le retour de cette intolérance puritaine, de cette « orthodoxie illibérale » dans différentes couches de la société.

5. Gori, Roland, *Et si l'effondrement avait déjà eu lieu*, Paris, Les liens qui libèrent, 2022, p. 23.

sulfureuse « maîtresse », le divorce, faisant éclater la cellule parentale – socle ancestral de nos sociétés.

La conséquence de ces phénomènes est la tendance d'une frange significative de la population à agir de manière irresponsable vis-à-vis d'elle-même (alcool, violence, dépression, etc.) et vis-à-vis des autres (famille, subordonnés, étudiants...).

Cette spirale participe à la création d'un monde de plus en plus violent et anxiogène, où les propositions de solutions archaïques des instances politiques et organisationnelles (moralité et renforcement du contrôle) consolident le problème plutôt que de le résoudre. Ce retour à des repères traditionnels, le désengagement marqué des élèves, des salariés et des citoyens, l'augmentation des dépressions et des suicides sont autant de signes avant-coureurs de la fin programmée de ce modèle organisationnel qui guide le monde depuis le XIXe siècle.

Schéma 2 : L'influence de l'environnement sur les comportements et le bien-être individuel

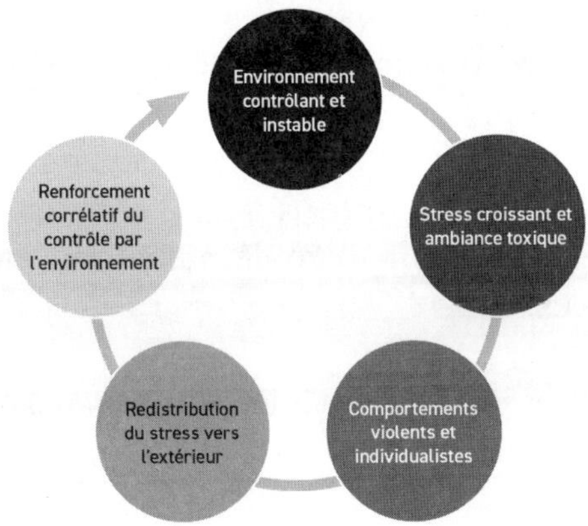

Au niveau *professionnel* enfin, quel a été le chemin suivi par l'organisation depuis les premières heures du XXe siècle, si ce n'est celui de l'obéissance au détriment de la performance, du commandement au détriment de la confiance, de la docilité et de l'utilité au détriment de la responsabilité et de l'épanouissement ?

Finalement, quelles évolutions majeures peut-on observer depuis l'invention des pratiques organisationnelles tayloriennes et du concept de management ? En théorie, quelques-unes. En réalité, aucune, comme indiqué par de nombreux auteurs, dont le regretté François Dupuy : « Commençons par le constat brutal, mais réaliste, qui s'impose à tout observateur attentif de la vie des entreprises et des administrations : elles n'ont pas réussi à sortir du modèle taylorien d'organisation du travail. [...] Certes, si l'on réduit le taylorisme au travail à la chaîne, bien des choses ont évolué. Sur l'essentiel, néanmoins, sur le mode de raisonnement, la croyance inoxydable dans le rôle de la règle pour contrôler les comportements humains, nous n'avons guère avancé. Pire nous avons régressé, en générant par la même occasion beaucoup de souffrance au travail[6]. »

Certes, on assiste régulièrement, dans les entreprises (à grands coups de communication), à l'intronisation de nouvelles mesures à la mode (*lean*, *empowerment*, télétravail, qualité de vie au travail...). Ces « coups marketing » peuvent sembler assouplir le cadre de travail. En profondeur, le contrôle des individus soumis à la toute-puissance de la norme et du *process* reste la règle, entraînant des conséquences néfastes en matière de motivation, de santé et de performances.

La société a évolué de manière (trop) rapide au cours des XIXe et XXe siècles, sans que ces évolutions aient été suivies

6. Dupuy, François, *Lost in management (vol. 3) – On ne change pas les entreprises par décret*, « Introduction », Paris, Le Seuil, 2020, p. 11.

par les organisations. La culture patriarcale et d'expertise qui guide le monde des affaires, couplée à la préemption du pouvoir politique par la pensée néolibérale, conduit à la multiplication de décisions aberrantes. Ces décisions accélèrent le désastre écologique autant qu'elles déshumanisent l'être humain, « atomisé par des machines algorithmiques et les langages abstraits et standardisés des "expertises" conduisant à un rétrécissement des expériences, à une rationalisation institutionnalisée des moments de l'existence vécus comme des chocs successifs[7] ».

Or, les entreprises, l'administration ou l'école devraient toutes se positionner dans une dynamique réelle de transformation si elles veulent (re)devenir un potentiel de réalisation individuelle et collective pour une société plus harmonieuse. Cette « refécondation » essentielle ne peut découler d'une pensée dogmatique et naïve, ni d'un « saupoudrage » au niveau managérial ou éducationnel. Elle doit prendre appui sur une observation approfondie de notre configuration et passer d'une vision négative et égocentrique de l'être humain[8] à une conception plus positive et humaniste. Elle doit également s'accompagner d'une sortie rapide d'un néolibéralisme effréné qui renforce les inégalités, déconstruit la notion même d'*État social* et ne permet pas d'atteindre cette performance tant recherchée.

Préparer dès à présent une transition s'appuyant sur un individu responsabilisé et une organisation sortie de son illusion de croissance permanente se révèle comme l'un des enjeux majeurs à l'heure où le changement, déjà nécessaire, deviendra enfin possible.

---

7. Gori, Roland, *La fabrique de nos servitudes*, Paris, Les liens qui libèrent, 2023, p. 12.
8. Cette vision négative et individualiste de l'être humain se retrouve dans des courants psychanalytiques, philosophiques et économiques. Citons, par exemple, Ford, Freud, Nietzsche ou Taylor. Nous étudierons certains de ces auteurs dans ce livre.

II. L'Empire C4 : une pression permanente sur le monde

> « Il vient un temps où l'esprit aime mieux ce qui confirme son savoir que ce qui le contredit, où il aime mieux les réponses que les questions. Alors l'instinct conservatif domine, la croissance spirituelle s'arrête. »
>
> Gaston Bachelard[9]

Depuis l'avènement de l'ère industrielle, une « guerre des étoiles » idéologique voit s'affronter ce que je nomme « l'Empire C4 » (capitaliste, comportementaliste, commandant et contrôlant), qui impose sa vision mécaniste et déshumanisée du monde, et les « Rebelles humanistes », tentant de remettre l'individu au centre de l'échiquier.

Sous couvert du principe de liberté individuelle et porté par les avancées technologiques, l'Empire C4 encarte nos désirs, guide nos comportements et nous oriente vers des préoccupations superficielles, à l'écart de nos besoins fondamentaux et des véritables enjeux sociétaux. En nous sommant, dès notre plus jeune âge, de consommer, de nous conformer aux codes de la société, en marginalisant ceux qui s'écartent de la ligne droite et fixe de la règle et en catégorisant toujours plus finement les individus (les fameux « haut », « hyper », « dys »... quelque chose), ce système conduit à une forme « d'aliénation de l'existence humaine prise dans la mécanisation et l'uniformisation de la civilisation[10] ».

---

9. Bachelard, Gaston, « La notion d'obstacle épistémologique », *La formation de l'esprit scientifique – Contribution à une psychanalyse de la connaissance objective*, Paris, J. Vrin, 2004 [1938], p. 17.
10. Gori, Roland, 2013, p. 66.

I. : Bonjour, monsieur Gatti. C'est l'heure du repas.
F. : Ça ne sent pas bon.
I. : Allez, allez, on mange et on se tait.
F. : Slurp. Beurk, mais c'est infect !
I. : Oui, mais mangez. Sinon, c'est le traitement...
F. : Pouah ! C'est pas bon.
D. : On le sait, mais ce sont les normes. Mangez, sinon on vous catégorisera. Nous sommes plus forts que vous, ne l'oubliez pas.

Tous ces signes traduisent l'agonie d'un système qui survit, en maniant des messages de peur et d'insécurité, en glorifiant des valeurs et des buts extrinsèques (pouvoir, richesse, beauté) incohérents et contraires au développement humain. Or, dans une civilisation technique qui tente de nous retirer notre capacité de penser et nous aligne comme des boîtes de petits pois, comment ne pas comprendre cette amotivation progressive des citoyens et des travailleurs ?

1. *Les racines de l'Empire C4*

Dans le foisonnement intellectuel de l'entre-deux-siècles[II], l'ingénieur Frederick Winslow Taylor et le psychologue Burrhus Frederic Skinner vont marquer durablement la perception sur la nature humaine, le rapport au travail, ainsi que les notions de motivation et de management.

Pour remédier à ce qu'il considérait comme un manque de productivité des usines au XIXe siècle, Frederick Taylor élabore l'organisation scientifique du travail, « le taylorisme ». Ce système, qui vise à produire davantage sur un temps plus court, repose sur trois principes simplistes et terriblement motivants :

II. Par « entre-deux-siècles », j'entends la période 1850-1950.

- une séparation verticale et horizontale des tâches ;
- la définition de la meilleure façon d'opérer pour chacune d'elles ;
- la notion de partage du gain et de récompense entre l'entreprise (qui empoche la mise) et l'employé (pour une petite partie).

Le taylorisme va au-delà d'une simple méthode de rentabilité. En effet, il s'accompagne :
- d'une philosophie déshumanisée et déshumanisante de l'être humain et du travail (l'homme étant considéré comme une ressource, un « outil » servant l'unique profit, il convient de « calibrer » les temps de travail et de pause pour un « rendement » maximum) ;
- d'une vision mécanique et descendante de l'entreprise, assimilée « à un gigantesque mécanisme horloger. Au sommet, une grande roue qui, par sa puissance et ses directives, entraîne tout le mécanisme. C'est un schéma descendant, centralisé, faisant fi tant des capacités d'initiative que des résistances des acteurs.[12] »

Aux États-Unis, le taylorisme se propage dans l'industrie balbutiante du début du XXe siècle comme une lame de fond provoquant la quasi-disparition de l'artisanat. En faisant marcher le salarié « au pas de la rentabilité à tout prix », il met ainsi entre parenthèses d'éventuelles aspirations de réalisation personnelle.

Cette organisation scientifique du travail trouve un puissant écho dans le domaine de la psychologie scientifique. En réaction à une psychologie[13] qu'il considère comme trop introspective et peu mesurable, John Broadus Watson

12. Tonnelé, Arnaud, *Réussir vos transformations – Réussir la transformation individuelle et collective*, Paris, Eyrolles, 2017, p. 15.
13. Citons la psychanalyse de Freud, ou encore le courant structuraliste (Wilhelm Wundt, Edward B. Titchener, etc.).

établit, en 1913, les principes de base du béhaviorisme[14], qu'il définit comme *une science objective fondée exclusivement sur l'étude empirique du comportement.*

Pour les béhavioristes, le comportement humain est prédictif et suit le schéma de type S-I-R (stimulus – individu – réponse). Ceci se caractérise par un environnement qui stimule (S), un individu qui est stimulé (I), et un comportement ou une réponse (R) de ce même individu à la suite de cette stimulation.

Le comportementalisme classique rejoint ainsi le taylorisme sur plusieurs points :

- le comportement est pensé comme mesurable et prédictif ;
- l'individu est considéré comme un être passif s'adaptant aux contraintes environnementales que le milieu exerce sur lui ;
- la nature humaine est conditionnée par l'expérience, la répétition et l'habitude.

Après la Seconde Guerre mondiale, Burrhus Frederic Skinner propose une avancée majeure du béhaviorisme avec le principe de « conditionnement opérant[15] ». Il rompt ainsi pour partie avec la pensée classique en montrant que le comportement – ou l'action – d'un individu n'est pas contrôlé par le stimulus (antérieur au comportement), mais déterminé par les conséquences qui y sont associées (postérieures audit comportement). Le schéma classique S-I-R devient S-R-C, S étant le stimulus provenant de l'environnement, R la réponse de l'individu au stimulus, et C les conséquences pour l'individu.

Ces modèles tayloristes et comportementalistes, prenant appui sur le capitalisme naissant, vont se déployer librement

14. Comportementalisme.

15. Par opposition au « conditionnement répondant », élaboré par Pavlov. Dans le cadre du conditionnement répondant, le sujet réagit *à la suite de* (stimulus) ; dans le cadre du conditionnement opérant, le sujet agit *afin de* (conséquence).

et durablement dans les organisations (entreprises, écoles, santé, etc.), imposant la récompense et la punition comme pratiques de base, le fameux système *command & control.*

I. : Tiens, ça me fait penser à la manière dont on a dressé notre chien. Ça a drôlement bien fonctionné.

F. : Cela ne vous embête pas de comparer l'homme à un canidé ?

I. : Euh... ce n'est pas pareil. Obtenir un bonus ou les félicitations de mon chef n'est pas similaire au chien qui reçoit une friandise parce qu'il a donné la patte.

F. : En quoi le processus est-il différent d'un schéma S-R-C classique ? En effet, pour générer une conséquence positive, j'adopte le comportement demandé, je fais tant de piqûres par jour, je me bats pour atteindre les objectifs, j'étudie pour avoir une bonne note...

2. *Le renforcement du modèle*

L'enchaînement industrialisation – Première Guerre mondiale – crise financière – montée du nationalisme – Seconde Guerre mondiale – guerre froide favorise un ancrage profond des pratiques de l'Empire sur le long terme, pratiques qui répondent également à la philosophie de la quête de récompense, *striving for reward,* base du système capitaliste et de la culture américaine. Ces méthodes participent également au renforcement du contrôle dans notre société, souhaité par les dirigeants politiques et économiques. Ses applications managériales (bonus, promotions), éducationnelles (grades, étoiles, classement) et parentales (récompenses, punitions) reflètent une vision mécaniste et passive de la nature humaine, basée principalement sur des incitations externes (stimuli), le contrôle et la soumission. Malgré les décennies qui passent, le petit refrain de la motivation reste inchangé.

F. : Stop, SOS, mayday *! Je veux être photographe, cuisinier, menuisier parce que j'aime ça. J'aime observer les espèces, utiliser mes mains...*

I. : Calmez-vous, monsieur. Docteur, venez vite ! Enfin, ce que vous dites est insensé. Vous ne voulez pas gâcher vos capacités intellectuelles pour faire une activité manuelle ?

F. : Et pourquoi pas ? Si c'est l'activité dans laquelle je m'épanouis...

D., faisant irruption dans la chambre : *Ah oui, mais là, mon p'tit gars, ça n'va pas être possible, car, dans l'approche de l'Empire, les critères principaux sont la consommation et la croissance. Des objectifs plutôt incompatibles avec la notion d'épanouissement ! Alors, maintenant, on se calme, sinon la gentille infirmière va vous donner un sédatif.*

L'une des grandes forces de l'Empire C4 réside dans sa capacité à justifier sa doctrine :

- La toxicité du système pour notre développement conduit les individus à s'adapter et à se protéger, ce qui ne favorise pas une motivation naturelle.
- Le manque d'engagement des individus est interprété comme la preuve de leur passivité, renforçant ainsi la théorie impériale.
- Selon les penseurs de ce modèle, le manque de motivation découlant simplement d'une récompense inappropriée, il suffirait de trouver la juste « friandise » pour obtenir le comportement escompté.

Prenant appui sur le courant humaniste de l'après-guerre[16], les années 1960 et 1970 ont « laissé entrevoir des possibilités de sortie des modes hiérarchiques centralisés et d'une gestion pusillanime, par la règle, des faits et gestes rythmant la production des biens et des

16. Citons notamment A. Maslow, C. Rogers, R. DeCharms, D. White et D. McGregor.

services[17] ». Les années 1980, marquées par le rapprochement des sphères politique et économique autour de la pensée néolibérale, ouvrent une voie royale aux pratiques de l'Empire. La figure de Gordon Gekko, dans le film magistral d'Oliver Stone *Wall Street* (1987), illustre non seulement les principes directeurs du monde professionnel (management déshumanisé et par objectifs, rivalité interne, licenciement comme outil de gestion du rendement, maximisation du profit...), mais également les symboles de la réussite sociale (pouvoir, richesse, image et ascension sociale). Cette décennie, qui voit l'avènement des premiers présidents milliardaires, s'accompagne de la généralisation des fusions, de la multiplication des fraudes et des manipulations financières. Elle marque également le basculement d'un capitalisme ayant offert une relative sécurité et une relative stabilité à une majorité d'individus vers un néolibéralisme effréné et destructeur.

III. Le XXIe siècle ou la déshumanisation programmée de la société

Malgré les assouplissements apparents des dernières décennies, les entreprises se sont irrémédiablement tournées vers un management par la règle, le contrôle et la mesure. Cela ne se traduit plus seulement par les pratiques managériales et organisationnelles classiques (bonus, pointeuses, intéressements, temps de pause prédéfinis, structures pyramidales rigides, etc.), mais également par le recours de plus en plus fréquent aux outils technologiques, comme l'intelligence artificielle et les progiciels[18] de gestion intégrée (PGI).

17. Dupuy, 2020, p. 12.
18. Contraction de « produit » et « logiciel ». Alors que le logiciel vise à faciliter les tâches informatiques du plus grand nombre (traitement de texte,

Les dirigeants, aveuglés par leur logique court-termiste et obsédés par l'illusion de maîtrise, retissent aujourd'hui, comme au temps du fordisme, des méthodes standardisées efficaces, à défaut d'être performantes. Incapables d'intégrer la diversité et la flexibilité des modes de production (pourtant indispensables dans le cadre de l'approche client), les outils technologiques, tels les PGI, brisent tout élan individuel et toute forme de créativité : « La civilisation technique par son principe même est impersonnaliste. Elle exige de l'homme une activité, mais elle s'oppose à ce qu'il soit une personnalité[19]. » Les salariés, privés de leur capacité de réflexion, se mettent « en règle » et se désengagent de ce système toxique, non par envie, mais par obligation. Lorsqu'un système impose ainsi ses lois à l'individu et que la prise d'initiative coûte une énergie démesurée, il est compréhensible que les collaborateurs, même les plus téméraires, se mettent en retrait et se protègent derrière la sacro-sainte informatique, pour laquelle tant de dirigeants dépensent sans compter.

Le professeur de philosophie Thomas Schauder[20] l'explique clairement dans un article du *Monde* de 2018[21] : « L'utilité s'est imposée comme seul critère valable de toute action, et le temps consacré à ce dont on ne peut évaluer l'utilité a été jugé comme du temps "perdu". » L'auteur constate même que ces normes d'optimisation ne sont pas limitées au secteur de l'industrie, mais qu'elles ont également pénétré les autres sphères de la société, à l'instar de l'école et de l'hôpital, aboutissant à une forme de taylorisation de l'existence :

---

par exemple), le progiciel tend à faciliter l'ensemble des tâches spécifiques à un domaine d'activité.

19. Berdiaeff, Nicolas (1933), *L'homme et la machine*, Paris, R&N, 2019, p. 49.

20. Thomas Schauder est un philosophe, écrivain, conférencier français, auteur de l'ouvrage *La société de consumation – Pour une politique de l'oisiveté*, Marie B, 2021.

21. Schauder, Thomas, « Avons-nous dépassé le taylorisme ? », *Le Monde*, 11 avril 2018 (disponible en ligne). Les citations qui suivent sont tirées du même article.

« Les critères de l'utilité, de la rentabilité et de l'évaluation s'appliquent désormais à tous les domaines de notre vie. »

L'intelligence artificielle se révèle comme un autre artifice en direction du contrôle. L'invention en soi n'est ni bonne ni mauvaise, comme souvent. C'est ce que l'homme en fait qui importe. Ainsi, le risque que les dirigeants, dans leur quête de maîtrise absolue et de réduction des coûts, reproduisent encore et encore les erreurs constatées lors du déploiement systématique des PGI existe bel et bien. Il y a, de fait, fort à parier que l'IA ne sera pas au service de l'humain, mais deviendra le nouveau Graal de la maximisation du profit.

Lorsqu'un système s'enferme dans ses croyances et ne questionne plus ce qui est évident, il court invariablement à sa perte. Le nôtre semble donc s'évertuer à s'orienter vers toujours plus de « domestication des individus » et d'encadrement de leur quotidien, au nom d'une croissance infinie.

Cependant, à l'instar des objectifs par département, la multiplication des règles augmente la probabilité qu'elles deviennent contradictoires et qu'elles impactent la performance et la réactivité de l'entreprise autant que le bien-être des salariés. Seul un système souple, dans lequel l'individu reste pleinement responsable de la prise de décision, produit des résultats au niveau individuel et collectif.

Les enjeux actuels (mondialisation, désengagement, surproduction...) nécessitent le passage à une organisation favorisant l'initiative et dans laquelle l'outil serait réellement au service de l'être humain. Cette inversion des priorités pourrait enfin remettre les collaborateurs au centre du modèle, assurer prise de responsabilité, réactivité et efficience, tout en permettant de retourner vers une satisfaction du client – concept immolé depuis trop longtemps sur l'autel de la maximisation du profit.

Pencher du côté de l'Empire C4 signifie adopter une vision pessimiste et dépréciative de l'homme, accepter le besoin de le contrôler, de l'influencer, de le diriger, voire de le forcer, et instaurer un environnement mécaniste[22]. À l'inverse, pencher du côté des Rebelles humanistes, c'est penser l'homme dynamique, curieux, enclin au développement et à la collaboration, et donc s'évertuer à créer un environnement favorable à sa nature, participant *de facto* à l'élaboration d'un système plus équilibré.

Si le management par la confiance est une réponse naturelle à ce management contrôlant dont font état plusieurs auteurs[23], force est de constater cependant que les différentes tentatives dans le monde des affaires ou de l'éducation n'ont pas fonctionné ou sont restées anecdotiques. L'une des raisons principales de cet échec (relatif) est une croyance négative vis-à-vis de l'être humain. En effet, comme le souligne justement François Dupuy, « le management moderne ne pouvait pas conditionner le bon fonctionnement des organisations à quelque chose d'aussi aléatoire que la confiance, aléatoire car dépendante du bon vouloir des uns et des autres. Dans les pas de Taylor (et de Fayolle), on l'a donc remplacée par la règle générale et par la substituabilité des individus, preuve irréfutable que la vie collective ne dépend ni des humeurs, ni de la bonne volonté de ces derniers[24]. »

22. Par « environnement mécaniste », j'entends un environnement hiérarchisé où les décisions, prises de manière centralisée, descendent vers les exécutants ; un environnement avec une séparation entre chaque tâche, où chaque décision entraîne mécaniquement son application dans la strate inférieure, *via* une communication institutionnelle et standardisée.

23. Citons notamment Isaac Getz, Frédéric Laloux, Daniel Pink, Yves Richez, Simon Sinek, ou encore François Dupuy, qui parle de « management coercitif ».

24. Dupuy, 2020, p. 185.

Chapitre 2

Vers le point de bascule ?

Il existe donc deux façons d'envisager l'articulation entre l'organisation[1] et les collaborateurs[2] :

- Soit l'organisation est l'élément central. L'individu, simple ressource, devient une variable d'ajustement devant s'adapter au contexte et exécuter les décisions unilatérales de la direction.
- Soit l'être humain est source d'innovation et de performance. L'organisation n'est plus ce rouage mécanique implacable qui écrase les collaborateurs, mais un élément organique s'adaptant aux fluctuations de l'environnement et à la complexité du réel, et prenant soin de son écosystème.

La première option, qui consiste à faire de l'individu la variable d'ajustement, devient de plus en plus difficile à tenir sous l'effet conjugué de plusieurs facteurs.

Conjoncturellement, la faiblesse numérique des classes d'âge arrivant sur le marché du travail et, *a contrario*,

1. Entendue au sens large : les processus et méthodes de travail, les conditions de travail, les modes de gestion du personnel, la structure hiérarchique, les outils, etc.

2. Également entendus au sens large : les salariés du privé et du public, les élèves, les enfants, les sportifs, etc.

le départ à la retraite de la classe dite du baby-boom augmentent le pouvoir de choix des travailleurs[3]. Les salariés répondent à ce rapport transactionnel en devenant parfois des « mercenaires professionnels ». Ils s'emparent du « butin » proposé avant de se vendre, quelques mois ou quelques années plus tard, au plus offrant, sans pour autant trouver matière à se réaliser.

Structurellement, l'arrivée des nouvelles générations sur le marché de l'emploi remet en question les anciennes pratiques et les anciens modes de fonctionnement des organisations. Le faible nombre de nouveaux arrivants sur le marché, couplé à la patience limitée des jeunes générations et à leur détachement relatif vis-à-vis de l'entreprise, laisse cette dernière incrédule. Ce phénomène, extrêmement coûteux financièrement, limite la performance des départements et se révèle une source majeure de stress et de démotivation pour les salariés (les plus anciens), travaillant davantage pour compenser les postes vacants et s'épuisant à intégrer ces nouveaux arrivants qui ne resteront pas.

Enfin, *scientifiquement*, l'hypothèse soutenant que l'épanouissement, la santé et la performance sont plus facilement atteignables quand les individus s'engagent avec volition, plutôt que lorsqu'ils sont soumis à une base autoritaire ou persuasive, rencontre aujourd'hui un « en-face » solide dans les champs de la sociologie, de la psychologie et de l'économie[4].

De nombreux auteurs insistent sur la nécessité de sortir de ce système du *striving for rewards* pour s'ouvrir à un

3. À ce sujet, un article des *Échos* du 23 décembre 2021 semble confirmer cette accélération du rééquilibrage des rapports de forces, voire une inversion au profit des salariés : Feuerstein, Ingrid, « Pénuries de main-d'œuvre : l'Angleterre face à la surenchère salariale », *Les Échos*, 23 décembre 2021.

4. Citons Christophe André, Bruno S. Frey, Daniel Kahneman, Douglas McGregor, Carl Rogers, ou encore François Dupuy, Isaac Getz, Frédéric Laloux, Yves Richez.

rapport plus équilibré entre l'homme et l'organisation. Ainsi, Bruno S. Frey affirme sans ambiguïté que « la motivation intrinsèque revêt une grande importance pour toute activité économique. Il est inconcevable que les gens soient motivés uniquement ou même principalement par des incitations financières[5]. »

I. : Selon vous, nous arriverions à la fin du système actuel ?

F. : En tout cas, il est contre-productif autant pour les individus que pour les organisations.

I. : Je veux bien concéder que, dans la santé, nous avons de plus en plus de mal à recruter et que les nouveaux ne recherchent pas la même chose que nous. Nous avons moins de moyens et ne sommes plus contrôlés dans la manière de faire notre travail. Il n'est pas rare que je fasse sept jours consécutifs et douze heures par jour. De là à dire que le système périclite...

F. : Ça ressemble à de l'esclavagisme moderne, ce que vous décrivez, non ?

I. : Mais...

F. : L'éthique de soins et de votre métier est malmenée. Vous êtes payés au lance-pierre, on vous applaudit au 20 heures *pendant la crise sanitaire et on vous met un shoot de stimulation en vous promettant des changements, mais le bien-être individuel et collectif autant que la qualité des soins se dégradent fortement. Les perspectives d'avenir ne sont pas radieuses.*

I. : Mais...

F. : Comme vous le savez sans doute, une étude de l'Ordre national des infirmiers d'avril 2018[6], bien avant la covid-19, montre qu'un soignant sur deux se sent à bout au terme d'une journée et fatigué le matin, et qu'un sur cinq envisage de cesser son activité. Quand un système est capable d'épuiser et de dégoûter des personnes passionnées, dans un secteur sociétal clé, ainsi que dans

5. Frey, Bruno S., *Not Just for the Money : An Economic Theory of Personal Motivation*, Cheltenham, Edward Elgar, 2007.

6. https://www.actusoins.com/wp-content/uploads/2018/04/mal_etre_synthese_enquete_avril_2018.pdf

les secteurs, de l'éducation, de la justice, de la police, de l'entreprise ou du sport, alors oui, on peut raisonnablement poser l'hypothèse de son dysfonctionnement.

D., pénétrant dans la chambre : *Alors, Ilda, votre diagnostic sur M. Foldingo ? On signe le transfert définitif ?*

I. : Euh... J'ai besoin de plus de temps pour le diagnostic.

D : Ne traînez pas, Ilda, d'autres patients attendent, on a des objectifs à tenir.

I. La possibilité effective du changement

En sortant des discours volontaristes, force est de constater que le changement n'intervient pas quand il est nécessaire, mais seulement lorsqu'un ensemble de facteurs le rendent possible. Que ce soient les démonstrations des Grecs anciens sur les lois de l'univers, réfutées pendant des siècles par l'Église catholique, les découvertes « dérangeantes » de la physique quantique, la longue lutte pour l'égalité femme/homme ou pour l'abolition de l'esclavage, l'histoire est truffée d'exemples validant cette thèse qu'une découverte, une idée ou un changement, aussi nécessaires soient-ils, ne peuvent éclore que dans un environnement mature.

Concernant les organisations, nous assistons à un phénomène similaire. Si de nombreux signaux, détaillés dans le point II de ce chapitre, indiquent la possibilité effective du changement, des forces guidées par des intérêts contradictoires entrent en résistance.

Parmi ces barrières, citons l'illusion de la croissance permanente, le besoin de contrôler les individus, un faux pragmatisme économique, et (peut être la plus puissante de toutes) une inculture managériale qui conduit à un immobilisme de la pensée. Or, cette attitude s'avère dangereuse pour l'innovation et la pérennité même des entreprises. Comme le développe Philippe Laurent, l'immobilisme « interdit de "faire autrement", parce que ce n'est pas ce qui se fait d'habitude [...] Sur le plan, enfin, de la pensée, l'immobilisme tue la remise en question, empêche de "concevoir". La pensée immobile ne peut penser autrement que ce qui se pense ou doit se penser. Nul besoin ni soif de questionner les évidences, d'envisager le pourquoi du changement. L'idée s'est corrompue en idéologie, la conviction profonde en principes tranchants[7]. »

L'observation du monde professionnel atteste de ce phénomène. Bercés par le confort et la peur de faire différemment, nombre de dirigeants maintiennent l'équilibre précaire de leur système en empilant les derniers concepts à la mode (*lean, empowerment, soft skills,* QVT...). Ce saupoudrage de surface ne permet aucune évolution structurelle du travail ni une remise en cause pourtant nécessaire d'une philosophie économique centrée sur la rationalisation, l'optimisation et le « corsetage des collaborateurs au lacet de la règle et du *process* ».

Bien que le concept de patience soit malmené dans notre monde de l'immédiateté, tout processus de changement demande du temps pour naître, croître, maturer et se déployer à grande échelle.

Le sujet de l'égalité entre les femmes et les hommes, le combat contre les violences sexuelles, la montée du nazisme en Allemagne ou du communisme en Union soviétique, la lutte contre le réchauffement climatique et le rejet des partis politiques traditionnels suivent des schémas semblables. Dans chaque cas, une configuration spécifique (pauvreté, violence, inégalités...) et la production de signaux, tant positifs que négatifs, de plus en plus rapprochés permettent une évolution des mentalités, rendant le changement inévitable.

---

7. Laurent, Philippe, « L'immobilisme à l'origine de bien des maux dans le monde du travail », *L'Express*, 14 nov. 2012 (disponible en ligne).

Dans le monde professionnel, une accumulation de signaux légitimes, une transformation profonde du rapport entre l'individu et les organisations, une lame de fond qui grandit et commence à submerger les digues de l'Empire C4.

II. Un changement nécessaire et enfin possible

1. *L'histoire des civilisations nous montre le chemin*

Nous évoluons par stades successifs, et non de manière continue. À certains moments de l'histoire, une transformation soudaine se produit, se diffuse et se généralise (société, famille, économie), entraînant des avancées majeures au niveau technologique (inventions, *process*), sociétal (organisation, famille) et cognitif (conscience primitive, complexe) – des avancées que le stade précédent ne pouvait pas concevoir.

Notre civilisation a ainsi connu cinq grandes phases organisationnelles.

Au stade *primitif* (entre – 100 000 et – 10 000 ans), la société se résume à de petits groupes familiaux, des tribus nomades à faible densité de population, centrées sur la subsistance et dotées d'une conscience de soi limitée.

À partir de – 10 000 et du stade *impulsif* apparaissent les chefferies et les pré-empires. Cette évolution est rendue possible par l'invention de la *division du travail*, l'établissement de *hiérarchies simplifiées* et le développement de pratiques rituelles et spirituelles.

Entre – 5000 et +1500 s'impose le stade *conformiste*, marquant la transition d'un monde de subsistance et de violence vers une période de stabilité et d'expansion. L'acquisition du *processus*, la généralisation de la *religion* et une *hiérarchie* plus évoluée permettent à l'humanité de planifier sur le long terme (agriculture, constructions monumentales, comptoirs commerciaux), assurant croissance et relative sécurité collective. Cette stabilité réclame son prix : la *rigidité* institutionnelle martelée par la religion et les régimes politiques, et le *prédéterminisme,* interdisant toute ascension sociale.

À partir de la Renaissance, et surtout après la révolution industrielle s'impose le stade de la *réussite.* La morale et la rigidité cèdent progressivement la place aux notions de *pragmatisme,* de *liberté* et d'*efficacité* avec trois avancées majeures : *l'innovation, la responsabilité, la méritocratie.* Ce stade, propice aux avancées scientifiques, à l'ascension sociale et à la liberté de pensée, se drape également de rationalisation, de matérialisme et d'individualisme.

Enfin, le cinquième stade (*pluraliste*) remet en cause le pouvoir, la hiérarchie et l'efficacité immédiate, et soutient *l'autonomisation des individus, la culture des valeurs et le point de vue des parties prenantes.* Ce système, qui s'est imposé dans les instances politiques modernes[8], est favorable à la décentralisation des décisions vers les opérationnels, et au développement d'une conscience individuelle et collective au niveau social, sociétal et planétaire.

Le XXIe siècle se caractérise par la coexistence de multiples paradigmes au sein de notre société, s'influençant et s'entremêlant. La société occidentale étant guidée par l'économie de marché, le paradigme de la *réussite* demeure prédominant. Il est souvent associé à une certaine rigidité hiérarchique (*conformisme*) tout en se teintant des avancées du stade *pluraliste* (autonomisation, valeurs).

La quête permanente d'efficacité a relégué les interactions et les émotions au second plan. Cette « course à l'échalote » s'est traduite par l'apparition, dans les pays dits « développés », de maladies inexistantes aux stades antérieurs, comme le burn-out, les crises existentielles et les dépressions

8. Citons, par exemple, l'Union européenne, l'Organisation mondiale du commerce et l'Organisation des Nations unies.

chroniques. De nombreux auteurs constatent que cette libération tant attendue de l'être humain, prônée par la philosophie des Lumières, l'a finalement enchaîné à son poste de travail, transformant ainsi l'épanouissement promis en une quête de sens et de réalisation personnelle sans fin. La justice sociale, inaugurée au XIXe siècle, s'est inversée au profit d'une minorité cupide qui accumule les richesses par dépossession, creusant toujours davantage les inégalités et attaquant la solidité même de notre société. En outre, bien que la condition sociale ne soit plus théoriquement un obstacle majeur, elle reste, sous une forme ou une autre, une forte barrière à l'ascension. C'est ainsi que, dans certaines multinationales françaises, l'accession aux plus hautes fonctions (CODIR, COMEX) est validée par le tampon d'une école précise, quand les postes de dirigeants ou l'acquisition de parts, dans les sociétés familiales, sont réservés au cercle proche.

Cette histoire mouvementée de l'humanité rend plausible l'apparition d'un nouveau stade organisationnel plus complexe. Sera-t-il pour autant plus humain et plus équilibré ? Dans le prolongement de Joseph Stiglitz et de Roland Gori, si l'effondrement du modèle actuel paraît inévitable, « il ne s'agit nullement de prévoir la fin *du* monde mais la fin *d'un* monde, celui de notre civilisation industrielle aujourd'hui recomposée par la financiarisation généralisée de l'existence[9] ».

2. *La pensée néolibérale, creuset de notre malheur*

En général, tout système constitué produit des bienfaits au niveau collectif, dans sa phase d'expansion, avant de devenir à un moment donné contre-productif. Ceci s'observe notamment lorsque les décisions prises par les gouvernants sont

9. Gori, Roland, 2022, p. 42.

inefficaces à préparer l'avenir et/ou engendrent un déclin du bien-être social, voire sociétal. Au XXIe siècle, la raréfaction préoccupante des ressources renouvelables et non renouvelables, la paupérisation toujours plus importante d'une partie de la population, y compris dans les sociétés occidentales, et l'accroissement des inégalités illustrent cette nocivité.

Quel que soit notre avis sur la question, une organisation (quelle que soit sa taille) ne peut fonctionner sur la base d'un paradigme plus complexe que celui auquel adhère son leader. Pour espérer reféconder les organisations, il est donc important d'aider les dirigeants économiques et politiques à sortir de leur pensée logique et abstraite, issue du stade de la *réussite*, pour adopter une vision plus complexe et objective du réel.

Dans la première moitié du XXe siècle, et malgré des luttes inhérentes à toute forme de pouvoir, la politique incarnait le bien public. Dans la deuxième moitié du XXe siècle (après la crise pétrolière des années 1970), le principe de réussite s'est imposé dans le monde politique comme dans celui de l'entreprise, avec toutes les dérives que l'on connaît. En politique, le débat d'idéologies a été supplanté par les luttes partisanes ; l'apparence et la forme ont pris le pas sur les débats de fond ; l'intérêt personnel a supplanté l'intérêt général. Nous sommes dirigés majoritairement par des élites politiques défaillantes, qui ne montrent aucune exemplarité et favorisent la montée des extrêmes autant que la défiance envers ceux qui nous dirigent.

Au niveau économique, juste avant les années 1980, les organisations se délestent de certains de leurs buts initiaux (permettre l'ascension sociale par la méritocratie et libérer les individus du prédéterminisme social) pour se centrer uniquement sur la maximisation du profit et la productivité.

Ce nouveau cap s'illustre notamment par la théorie du ruissellement[10], celle de la valorisation de l'actionnaire, ou encore par le mythe de la croissance infinie[11].

Ce système connaît son paroxysme dans les années 1980-2010, entraînant des conséquences dramatiques au niveau :

- économique, avec l'explosion des manipulations boursières, les rachats et faillites d'entreprises ;
- social, en raison de l'accroissement exponentiel des inégalités et de la répartition des richesses, ainsi que de la généralisation des licenciements massifs ;
- psychologique, avec la multiplication des dépressions, des burn-out et des crises existentielles ;
- environnemental, par la sur-pollution, la raréfaction des ressources et l'appauvrissement des sols.

En y regardant de plus près, le système capitaliste a été confisqué par une infime tranche de la population (à peine 0,1 %), il y a une quarantaine d'années seulement. En effet, au cours d'une grande partie du XXe siècle, l'entreprise n'était pas uniquement une « machine à cash ». Bien que fonctionnant sur un système rigide et contrôlant, elle était au moins investie d'une responsabilité sociétale qui alimentait des écosystèmes locaux. Son président (généralement fondateur) gérait les affaires en bon père de famille et assurait emploi et stabilité à ses salariés. La philosophie néolibérale a non seulement rompu cet équilibre fragile entre classes

10. La théorie du ruissellement est une théorie libérale (non démontrée), consistant à enrichir les classes aisées par diverses mesures fiscales (telle la réduction d'impôt). Ces classes sont censées avoir un impact positif sur l'ensemble de la société en dépensant leur argent par le biais de la consommation et de l'investissement. À ce sujet, lire Parienty, Arnaud, *Le mythe de la « théorie du ruissellement »*, Paris, La Découverte, 2018.

11. Ce mythe de la croissance infinie a été dénoncé dès 1972 dans le rapport Meadows : « Les limites à la croissance (dans un monde fini) ». Ce rapport met en évidence la nécessité de mettre fin à la croissance afin de préserver le système mondial d'un effondrement probable.

dirigeantes et salariales, modifié profondément notre rapport au travail, mais elle a également nié la possibilité même d'un État social protecteur du plus grand nombre.

I. : Pour moi aussi, la conjoncture a changé.
F. : Comment ?
I. : J'ai cinquante ans, vous savez. Si j'ai fait des études d'infirmière, c'était dans le but d'être utile à mon prochain, d'avoir un impact positif, même mineur, sur le bien-être des individus...
F. : Et ?
I. : Aujourd'hui, je ne retrouve plus les valeurs ni le sens qui m'ont fait embrasser ce métier il y a trente ans. Je comprends les auteurs parlant de « retaylorisation » de l'existence, et j'assiste, impuissante, à la souffrance grandissante de mes collègues, sans parler des comportements agressifs ou du désarroi des patients...

Dans cet « entre-soi » économique des années 1980, les nouveaux hommes d'affaires cherchent à s'emparer des sociétés sous-évaluées, réduisent les coûts au maximum, puis revendent « leurs proies » quelques années plus tard en faisant des plus-values importantes, quitte à laisser les entreprises exsangues. Cette forme inédite de gestion d'entreprise ancre également dans notre inconscient un nouveau symbole de réussite.

Le tout-profit l'emporte donc sur la notion de bien sociétal. La finalité première de l'entreprise n'est plus sa croissance et sa pérennité, mais l'enrichissement sur le court terme de ses dirigeants et des actionnaires. La rémunération fixe des dirigeants est « relativement » faible, mais la part variable, liée non à la santé réelle de l'entreprise, mais à l'augmentation des profits ou des cours de la Bourse, atteint des sommets[12]. Ce système incite fortement l'individu à faire passer

12. La loi PACTE est venue limiter ces pratiques en renforçant le contrôle des rémunérations versées aux dirigeants de sociétés cotées. Elle se situe

son intérêt personnel avant celui de l'entreprise, et le salarié devient la variable d'ajustement pour atteindre les objectifs fixés de manière arbitraire pour séduire les analystes financiers.

Au niveau humain, comme nous l'avons mentionné, ce système a engendré l'insécurité et l'individualisme. Alors que sont institués des modes de management qui attisent la compétition permanente au détriment de l'esprit de collaboration, les interactions sont limitées à leur strict minimum ; l'égoïsme prévaut et la coopération disparaît. Cette culture de l'instabilité, dans laquelle aucun salarié ne se sent protégé, remet également en cause (malgré les apparences) le principe de la méritocratie. En effet, peu importe la contribution réelle d'un collaborateur aux résultats de l'entreprise, chacun peut se retrouver sur la touche au regard des seuls bilans comptables.

Au niveau social et économique, une majorité des richesses concentrée entre les mains d'une infime minorité (les fameux 1 %) représente un risque pour la cohésion sociale du pays et s'avère contre-productif pour le système économique dans son ensemble.

Cette dérive inégalitaire est amplifiée par la disparition progressive des « devoirs » du dirigeant. En effet, ces nouveaux présidents sont rarement tenus responsables des difficultés rencontrées par l'entreprise. Une étude menée par Booz Allen Hamilton sur les 2 500 plus grandes entreprises mondiales cotées en Bourse, entre 1995 et 2007, montre que la probabilité pour un dirigeant d'être démis de ses fonctions pour mauvaises performances n'est que de 2,1 % dans

dans le prolongement de récentes réformes qui ont eu pour but de moraliser la rémunération des dirigeants de sociétés cotées, dans un contexte de crise financière et de sensibilité aux inégalités salariales.

les entreprises ayant eu des résultats boursiers significativement en dessous de la moyenne.

Non seulement les contre-performances de ces leaders ne sont pas sanctionnées, mais la mauvaise gestion est parfois même récompensée sous forme de parachutes dorés et de rondelettes sommes d'argent distribuées lors de leur départ de l'entreprise, même lorsque cette dernière est en difficulté[13].

L'obsession de l'atteinte de l'objectif annuel pousse les équipes à se concentrer sur l'opérationnel et à négliger le temps nécessaire pour apporter des solutions innovantes qui pourraient offrir un avantage concurrentiel. Sans innovation réelle pour se démarquer, la plupart des sociétés s'engagent dans une bataille des prix, destructrice en matière de valeurs, d'image de marque et de compétitivité.

Lorsque tous les signaux sont au vert (économie florissante, compétition raisonnable), ce système peut fonctionner. Néanmoins, dès que la situation se tend, que des crises économiques surgissent (comme c'est le cas depuis les années 2000) ou qu'une innovation majeure vient rebattre les cartes, ce modèle « efficace » peut entraîner la disparition brutale de « mastodontes » du marché, comme cela a été le cas pour Enron, HBOS, Moulinex, Nokia ou Polaroid, pour ne citer qu'eux.

Fort heureusement, certaines entreprises internationales, ayant compris les effets pervers de ce système, passent outre à la pression des analystes financiers et des agences de notation. Ainsi, James D. Sinegal, président de Costco (numéro 2 de la distribution aux États-Unis, derrière Walmart), a dit : « Wall Street vise à faire de l'argent entre aujourd'hui et mardi prochain. Nous cherchons à construire

13. En 2017, pour son départ à la retraite, Georges Plassat, ancien président de Carrefour, s'est vu octroyer la somme de 13,7 millions d'euros de la part de ses actionnaires, alors que l'entreprise n'était pas florissante.

une organisation, une institution dont nous espérons qu'elle sera là dans cinquante ans[14]. »

Si le profit reste une nécessité pour toute entreprise, rien ne lui interdit de retrouver une dimension sociale et sociétale, terrain fertile d'une croissance sur le long terme. En plaçant l'humain au centre de ses préoccupations, en offrant aux salariés et aux partenaires la possibilité de grandir plutôt que de les exploiter, en prenant soin de l'ensemble de l'écosystème, l'entreprise fortifie ses racines et favorise un développement durable, tout en affrontant plus sereinement les difficultés.

Schéma 3 : Comparaison des cours de bourse de Général Electric et de Costco sur 20 ans (S&P 500 est un indice boursier basé sur 500 grandes sociétés cotées en Bourse, aux États-Unis)

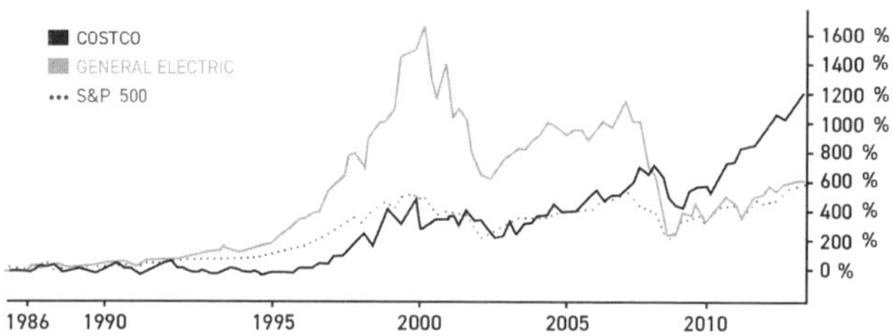

Ce schéma montre à quel point la création d'un écosystème où chacun se sent en confiance, respecté et utile représente une alternative viable pour une croissance organique solide. Le modèle mécaniste de General Electric et de son PDG de l'époque (1981-2001), le célèbre Jack Welch, reposait principalement sur la maximisation du profit et des pratiques managériales, exacerbant la compétition interne. Or, en créant un système inégalitaire et instable,

14. Cité dans Goldberg, Alan et Ritter, Bill, « Costco CEO Finds Pro-Worker Means Profitability », *ABC News*, 1er décembre 2005.

dans lequel le salarié ne se sent pas protégé, en privilégiant l'individualisme à la collaboration, en se concentrant sur le profit immédiat et l'actionnaire en lieu et place du produit (qualité et innovation) et de l'humain (clients, salariés), le système sape les fondations sur lesquelles la croissance et la pérennité d'une entreprise reposent.

À l'opposé des *cost-killers* américains et français tels Ghosn, Icahn, Tapie ou Welch, James Sinegal de Costco incarne cette robustesse sur le long terme. Malgré les critiques de la presse financière et de ses confrères, il a su maintenir une culture d'entreprise axée sur le respect des salariés et la responsabilité sociale. Ceci s'est notamment manifesté lors de la crise financière de 2009. Lorsque l'industrie licenciait à tour de bras, il a décidé, malgré la baisse de 27 % de son chiffre d'affaires, d'une augmentation du salaire horaire moyen de 1,50 dollar, étalée sur une période de trois ans. « L'économie se porte mal, a-t-il dit. À nous de trouver les moyens de leur trouver [aux salariés] plus et non pas moins[15]. »

Alors que General Electric se bat pour sa survie, Sinegal est aujourd'hui salué par l'ensemble des analystes pour sa clairvoyance et la solidité de son entreprise. Il a rejeté l'idée répandue selon laquelle on ne peut réussir dans le commerce qu'en laminant les salaires et les avantages sociaux, et en contrôlant les salariés. Il a donné naissance à une culture sociale qui fait office de finalité d'entreprise, qui permet le renforcement de la coopération et de la confiance, et qui encourage l'initiative et la responsabilité.

« Malgré la récession commencée en 2008, l'entreprise affiche plus d'un milliard de dollars de bénéfice annuel,

15. Propos rapportés dans Stone, Brad, « Costco CEO Craig Jelinek Leads the Cheapest, Happiest Company in the World », Bloomberg, 6 juin 2013 (trad. de l'auteur).

tout en conservant les salaires les plus élevés du secteur de la distribution et en subventionnant une assurance santé pour près de 90 % de ses salariés. Costco paie ses salariés en moyenne 20 dollars de l'heure (alors que le minimum fédéral n'est que de 7,25 dollars). À titre de comparaison, les salariés à plein temps de Walmart aux États-Unis gagnent à peu près 13 dollars de l'heure en moyenne, et seule la moitié d'entre eux bénéficient d'une assurance santé[16]. »

De plus, au lieu de recruter de nouveaux gérants à prix d'or, Costco encourage la promotion interne, avec deux tiers des gérants de magasins ayant commencé à un poste subalterne. Cette politique renforce le sentiment d'appartenance des salariés à l'entreprise et l'envie de prendre des responsabilités.

Les leaders comme Sinegal ou W. Craig Jelinek, son successeur, ont compris que la croissance d'une entreprise ne se fait pas *malgré* les salariés, mais *grâce à* eux. Ce faisant, l'entreprise devient plus forte et plus performante, fonctionnant sur un cercle vertueux où chacun s'estime redevable de ce qu'il reçoit. Dans ce système, l'exigence est extrême, la facilité n'est jamais la voie empruntée, l'exemplarité est un comportement quotidien, quel que soit le poste occupé, et les licenciements existent. Cependant, ils sont appliqués en dernier recours et ne font pas partie des stratégies quotidiennes pour augmenter les profits.

Chez Costco, les dépenses (extravagantes pour l'Empire C4) ont produit des résultats enviables à tous les niveaux. Concernant la valorisation boursière, les actionnaires peuvent se frotter les mains d'avoir choisi un leadership humaniste et efficient. La performance sur vingt ans est très largement supérieure à la moyenne S&P 500. Concernant l'image de marque et l'attractivité, un adage populaire s'est

16. Sinek, Simon, *Les vrais leaders se servent en dernier*, Montreuil, Pearson, coll. « Apprendre, toujours », 2016, p. 230.

répandu : « On rentre chez Walmart pour gagner un salaire, on rentre chez Costco pour faire carrière. » Mais le système Costco ne se résume pas à bien payer ses salariés[17] : chacun s'y sent respecté et sait pour quoi et pour qui il travaille ; en retour, chacun fait preuve d'une loyauté et d'un engagement qui permettent à l'entreprise de fructifier et à l'ensemble du système de se fortifier.

Dans ces entreprises « organiques[18] », les salariés, intégrés à l'écosystème, se sentent donc protégés et poursuivent des buts supérieurs aux simples intérêts économiques. Ils savent qu'en œuvrant pour l'entreprise (ou l'écosystème), ils œuvrent pour eux-mêmes. Les clients et le produit sont réellement au cœur des prises de décisions. Lorsque cet équilibre (humain – produit – finalité) est respecté se crée alors une saine alchimie qui permet une croissance organisationnelle sur le long terme et qui favorise le développement des individus.

Depuis une dizaine d'années, la double idée que l'entreprise aurait une mission sociétale et environnementale, et que la théorie de la valeur pour l'actionnaire peut s'avérer contre-productive se répand dans les différentes sphères du « savoir[19] ». Il devient urgent de quitter définitivement ce système du tout-profit et l'illusion de la croissance permanente, dont les effets délétères renforcent les inégalités socio-économiques et accélèrent la catastrophe écologique.

---

17. En 2019, la société Costco a encore fait parler d'elle en augmentant les salaires de ses employés de 15 %. Cf. Fournier, Marie-Ève, « Le salaire d'entrée chez Costco bondit de 15 % », *La Presse*, 16 mars 2019.

18. Terme général qui regroupe des entreprises dont l'évaluation ne se mesure pas sur des critères uniquement court-termistes chiffrés, mais qui intègre une dimension humaine et responsable.

19. Pour plus d'informations, consulter Stout, Lynn, *The Shareholder Value Myth : How Putting Shareholders First Harms Investors, Corporations, and the Public*, San Francisco, Berrett-Koehler, 2012.

3. Un vent d'initiatives humanistes et organiques

En regard des dérives du néolibéralisme, des alternatives plus responsables voient le jour, depuis la fin du XXᵉ siècle, dans les secteurs public et privé, et des organisations de toute taille.

Quelle que soit leur désignation (B Corporations, entreprises à mission, L3C, entreprises libérées…), ces entreprises ont en commun une réorientation de leur organisation, à des degrés divers, autour de la finalité (cf. partie III, chapitre V) et des individus.

Un exemple intéressant, au cours des années 2000, est celui de Michelin, sous l'impulsion de son directeur général Jean-Dominique Senard. Persuadée que « l'engagement [des salariés] est un facteur essentiel de compétitivité[20] », l'entreprise lance un plan d'engagement des salariés à tous les niveaux (employés, agents de maîtrise, cadres). Ce plan ambitieux se traduit par une refonte des pratiques managériales pour donner davantage d'autonomie aux équipes et encourager la responsabilité des acteurs de l'entreprise. Ce changement d'orientation, fondé sur une vision plus humaniste de l'entreprise, implique une modification culturelle importante, notamment dans le rapport encadrant/encadré. Avec du temps, le soutien remplace peu à peu le contrôle ; la coopération et l'esprit d'initiative sont encouragés ; la responsabilisation se développe. Or, malgré les résultats probants au niveau économique (voir schéma 4) et au niveau humain, cette démarche reste encore fragile, quinze ans après son amorce – comme le montrent les 157 cas de harcèlements répertoriés en 2020 au sein du groupe. Ceci confirme qu'une « mue » culturelle, et la transformation

20. « Michelin : une réussite française qui se base sur la responsabilisation des salariés », interview de Jean-Dominique Senard : https://laborem.ircom.fr/non-classe/jean-dominique-senard-intervient-sur-la-responsabilisation-des-salaries/#:~:text=Jean%2DDominique%20Senard%2C%20engagé%20pour,d'épanouissement%20pour%20les%20collaborateurs.

des pratiques organisationnelles et managériales nécessitent patience, action quotidienne et évaluation régulière tout en s'inscrivant dans une temporalité longue.

Quelles que soient les difficultés rencontrées, ces initiatives « organiques » offrent une alternative plus favorable que l'approche traditionnelle mécaniste, utilisée par Carlos Ghosn, au temps de sa splendeur à la tête de Renault.

F. : Petite question. En se plaçant du point de vue des actionnaires, et pour payer ses vacances aux îles Caïmans, il aurait été bien plus avisé de s'orienter vers des actions Michelin ou Renault...

I. : Renault, bien sût !

F. : Perdu...

I. : Michelin ?!

F. : Gagné !

Schéma 4 : Cours de l'action en bourse des entreprises Michelin et Renault sur une période de 20 ans

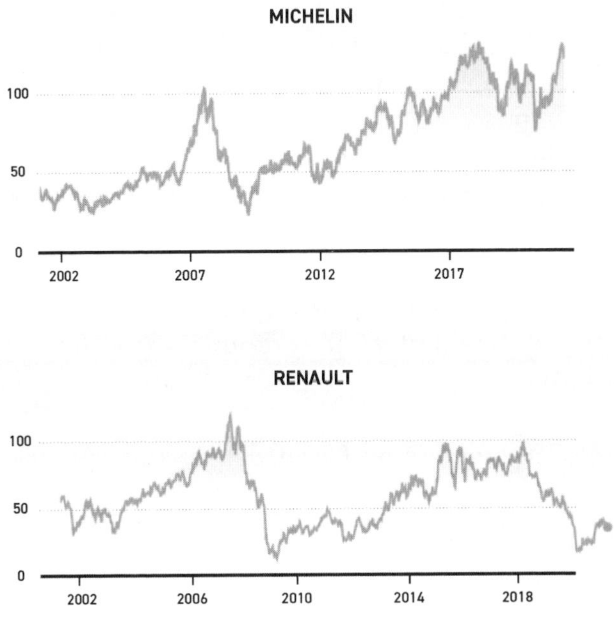

L'observation des cours en Bourse des deux sociétés sur vingt ans révèle des tendances similaires à celles de Costco et General Electric. L'arrivée de Ghosn et de ses méthodes rationalistes soulève d'abord l'enthousiasme des financiers et dope l'action (120 euros au plus haut). Cependant, fragilisée sur ses bases, l'action tangue rapidement au rythme des crises pour tomber toujours plus bas (15,80 euros en avril 2020), faisant de l'entreprise une proie potentielle pour ses principaux concurrents.

À l'inverse, l'action Michelin, à partir de 2015, est beaucoup moins soumise aux fluctuations extérieures et s'apprécie régulièrement. Et le 16 juin 2022, alors que Renault se bat pour sa survie, Michelin décide de diviser la valeur nominale de son action par quatre pour rendre le titre plus accessible au grand public.

La dualité ancestrale entre les entreprises à but lucratif, devant maximiser les profits et chérir leurs actionnaires, et les associations à but non lucratif, œuvrant pour le bien commun, n'est plus la seule conception possible. Aux États-Unis, par exemple, se développe depuis 2008 un nouveau type d'entreprises encadrées : les L3C[21]. Ce sont des entreprises sociales à but lucratif ayant un objectif socialement bénéfique, affiché et assumé, et non la seule maximisation de leurs revenus. Un point majeur qui différencie ces structures des entreprises traditionnelles réside dans le fait que les L3C sont légalement obligées de produire des bénéfices sociaux significatifs, de sorte qu'il existe un ordre de priorité clair.

De même, les 8 800 entreprises bénéficiant de la certification B Corporation[22] ou B Lab, dans 90 pays, privilégient

21. *Low-profit limited liability company* ou « société à responsabilité limitée à faible profit ».

22. Https://bcorporation.net/

la valeur long terme et l'influence sociale plutôt que le profit économique à court terme. Ainsi, ces entreprises sont légalement tenues de prendre en compte les répercussions de leurs décisions sur leurs travailleurs, leurs clients, leur communauté et leur environnement. Et au-delà des B Corporations se profile aujourd'hui un mouvement global : la B Economy, dont le leitmotiv est d'utiliser l'entreprise comme une force positive pour faire le « bien » à différents niveaux (humain, sociétal, écologique).

La société Patagonia est peut-être la première organisation réellement profitable à basculer dans ce type d'économie d'un nouveau genre. En effet, le 14 septembre 2022, Yvon Chouinard, son fondateur, a officiellement cédé son entreprise à un trust et à une ONG, chargés de consacrer l'intégralité des bénéfices (environ 100 millions de dollars annuels) à la lutte contre le réchauffement climatique.

4. Le désengagement des salariés comme force de résistance

Comme développé précédemment, les pratiques tayloristes centrées sur l'efficacité, la standardisation et le contrôle entraînent un désengagement de plus en plus marqué des collaborateurs et offre un potentiel limité pour une performance économique accrue. L'institut Gallup réalise, depuis plus de vingt ans, des sondages représentatifs sur le taux d'engagement des salariés. Dans son rapport de 2022, réalisé sur 155 pays[23], le taux d'engagement moyen est évalué à 15 % à peine. En Europe, le taux tombe à 10 %, l'Europe du Sud (Espagne, Italie, France) trustant les trois dernières places avec 6 % de personnes dites « engagées » dans leur travail. Or, comme l'indique l'institut sur son site, les organisations auraient un intérêt évident à mettre en place une configuration favorisant la motivation autonome des collaborateurs :

23. Institut Gallup, *State of the Global Workplace 2022 Report.*

« Un effectif hautement engagé explique la différence entre une entreprise qui surpasse ses concurrents et une autre qui ne grandit pas. »

Buurtzorg, une entreprise néerlandaise spécialisée dans les soins à domicile, illustre parfaitement les conséquences des différents modèles d'organisation sur l'engagement et la performance. Au début des années 1980, tant par souci d'efficacité (encore elle !) que d'économies d'échelle, la Sécurité sociale (qui prenait en charge la quasi-totalité des frais de santé) a décidé de regrouper les infirmières indépendantes au sein de structures encadrées. Cela présentait théoriquement plusieurs avantages, et notamment :

- une meilleure gestion des agendas ;
- l'optimisation des tournées et du temps de transport du personnel soignant d'un patient à l'autre ;
- l'apport d'un service plus complet au client (certaines infirmières étant plus spécialisées que d'autres dans le traitement de certaines pathologies) ;
- la réalisation d'économies par des achats groupés et tout un autre ensemble de mesures dites « efficaces ».

Pour permettre cette transformation, des coordinateurs et des managers ont été embauchés, un ensemble de procédures, déployées pour rationaliser et optimiser. Le métier d'infirmière « a évolué » : les plus spécialisées (les mieux rémunérées) s'attelaient aux tâches les plus difficiles, les moins expérimentées (et donc les moins payées) s'occupant du reste. Dans cette recherche d'efficacité, les patients se sont vu attribuer un code-barres que les infirmières flashaient après chaque passage. Chaque mouvement des soignantes étant pisté, les coordinateurs disposaient enfin de la matière nécessaire pour analyser plus finement la performance de chacune et optimiser le fonctionnement de leur système.

F. : À votre avis, qu'a généré la mise en place de ce système de santé néerlandais au niveau économique et social ?

I. : Une catastrophe.

F. : Pardon ?

I. : C'est un désastre. Je le sais, notre hôpital est passé sur ce mode de fonctionnement il y a deux ans.

F. : Alors ?

I. : C'est la débâcle à tous les niveaux. Sur le plan de la responsabilité et de l'épanouissement, tout d'abord, « appliquées sans discernement, les méthodes modernes de gestion et de management issues du privé sont une catastrophe pour les institutions sanitaires et sociales. [...] Ce mode de gestion, en faisant entrer l'hôpital dans une logique purement comptable, "génère des situations paradoxales" et entraîne notamment une baisse de l'autonomie et du pouvoir des professionnels[24] *». Pour le système de santé, « [...] au final, le résultat s'est révélé affligeant, aussi bien pour les patients que pour les infirmières. Les premiers y ont perdu la relation individuelle qu'ils avaient avec l'infirmière qui les suivait [...] Les patients, qui sont souvent des personnes âgées, parfois désorientées, devaient rassembler leurs forces pour raconter une fois de plus leur histoire médicale à une infirmière inconnue et pressée à qui l'on ne donne pas le temps d'écouter. Elle change le bandage, fait sa piqûre et s'en va. Pour le système, les patients ne sont plus des êtres humains... »*

Pour le personnel, ensuite, cette transformation a sonné le glas de notre métier-passion. Une collègue témoigne : « Les dernières années, j'avais la responsabilité de 80 patients que je n'ai jamais réussi à bien connaître. Le planning était fait à l'extérieur par quelqu'un qui ne connaissait pas les patients. Les erreurs étaient si nombreuses que je ne pouvais plus leur expliquer pourquoi personne ne venait ou pourquoi les heures de rendez-vous n'étaient pas respectées. En 7 ans, j'ai eu 14 responsables et j'en ai eu assez de cela. L'entreprise était devenue trop grosse et trop difficile

24. Schauder, 2018.

à piloter. Personne ne se sentait responsable des soins. Chaque jour avait son lot de plaintes et de conflits entre collègues. »

Alors, lorsque l'ancien infirmier Jos de Blok a créé Buurtzorg, en 2006, pour assurer des soins à domicile qualitatifs, lorsqu'il a redonné le goût du métier aux infirmières en leur réattribuant l'entière responsabilité de leur mission, il s'est passé un miracle. L'entreprise est passée de 10 à 7 000 collaborateurs en 7 ans, a gagné 70 % du marché des soins à domicile, et d'après le cabinet d'audit financier et de conseil Ernst & Young, a réduit le temps de soins de 40 % tout en augmentant la qualité du service.

Il a été estimé que, si toutes les entreprises adoptaient ce schéma de fonctionnement, les économies pourraient atteindre des milliards d'euros annuels. À l'échelle de la France, et simplement concernant les soins à domicile, cela représenterait une économie de près de huit milliards d'euros.

Dans certains secteurs comme le sport, l'armée ou l'hôpital, les conséquences des décisions s'observent rapidement. Dans l'industrie, par contre, au regard de la longueur des cycles de développement, mesurer la véritable performance d'une organisation est une tâche ardue qui autorise l'incompétence managériale à s'inviter librement. La plupart des entreprises persistent donc dans des « schémas de jeu » dépassés, suivant mollement les fluctuations des marchés.

5. *Les nouvelles générations, potentiel favorable du changement ?*

Les quatre premiers signes qui montrent l'émergence du changement sont renforcés par le regard et le comportement des jeunes générations quant au monde professionnel. En cassant, dans les années 1970, l'équilibre des rapports entre dirigeants et salariés, les leaders économiques et politiques ont fortement dégradé la valeur travail. En se désengageant émotionnellement du monde professionnel, les générations actuelles n'ont fait que s'adapter à ces lieux déshumanisés et infantilisants.

Même si nous relativisons le caractère générique des propos qui suivent, les nouvelles générations semblent avoir opéré une modification profonde de leur rapport au temps et au monde professionnel. Cela s'observe en particulier par :

- une prééminence donnée au présent au détriment de l'avenir, réduisant par extension le « pouvoir de mobilisation » des incitations à long terme utilisées par les entreprises, tels les bonus et les perspectives de carrière, de mobilité, de responsabilités ;
- une apparente recherche de sens et un refus de l'écart de traitement entre leur expérience personnelle (marquée par l'autonomie, les responsabilités, l'abondance d'informations, l'immédiateté, l'accès aux dernières technologies, etc.) et leur expérience professionnelle, souvent perçue comme contrôlante et dépourvue de sens ;
- une sensibilité accrue au contexte de travail (conditions de travail, confiance et soutien managérial, fluidité de l'information, vie d'équipe, apprentissages réguliers, etc.) ;
- une remise en question pour certains de l'ascension sociale « à tout prix » comme symbole de réussite, avec une attention particulière accordée aux notions de bien-être au travail et d'équilibre vie personnelle/professionnelle.

Or, c'est bien à travers le ressenti de leur « contexte de travail » que les collaborateurs (de manière générale) se font une idée de la place qu'ils occupent dans l'entreprise et jugent la véracité des déclarations d'intention sur « l'importance accordée à l'humain » et affichées par tant d'organisations.

Comme détaillé en troisième partie, un système nourrissant nos besoins psychologiques fondamentaux et remettant du sens au cœur de l'action collective offre un cadre sécurisé, propice à l'engagement et à l'épanouissement, quelle que soit la population concernée. Or, à l'heure où l'enjeu écologique (encore discret il y a quelques années) s'invite à la table des négociations, cette notion de sens risque de devenir un critère de décision majeur pour nombre de salariés.

Une enquête menée par Smartsheet, en avril 2020[25], pendant la période de covid-19, révèle que 81 % des jeunes qui ont travaillé en distanciel pendant la crise sanitaire ont ressenti un manque de connexion avec leurs collègues de travail, et que 71 % ont souffert d'un manque d'informations. L'ambiance, les échanges informels à la cantine ou à la machine à café leur manquaient. Que l'on soit né à l'époque de la machine à écrire, du Minitel ou du smartphone, cette étude confirme le caractère universel et intergénérationnel du besoin de *relation sociale* (cf. partie III, chapitre III), caractérisé par des interactions physiques régulières.

Privilégiant le sens du travail, la qualité des interactions et l'équilibre entre vie professionnelle et vie personnelle, ces générations sont moins dépendantes des facteurs traditionnels de stimulation tels que les salaires, les avantages en nature et les perspectives de carrière.

Cet écart croissant entre attentes des salariés et propositions des organisations constitue une opportunité pour repenser en profondeur les pratiques de gestion de ressources humaines et de management.

Cette « refécondation » nécessaire ne pourra se concrétiser que si les dirigeants modifient leur perception de la nature humaine. Faute de quoi, ils obtiendront ce que ces pratiques mécanistes génèrent : soumission, désengagement, souffrance et pratiques de mercenaires.

---

25. Cf. « Global survey finds younger workforce feeling less connected and informed working from home » : https://www.smartsheet.com/content-center/news/global-survey-finds-younger- workforce-feeling-less-connected-and-informed.

Les signes détaillés dans ce chapitre montrent l'ancrage progressif d'un nouveau système organisationnel dans la réalité économique et dans une partie de l'inconscient collectif.

Les ratés récurrents de l'Empire C4 et de son modèle mécaniste, et son rejet de plus en plus prononcé par une partie de la population, conjugués à l'émergence de solutions à l'écart des normes, modifient l'équilibre actuel et suggèrent l'enracinement futur de modèles alternatifs.

Ces modèles remplaceront-ils le stade de la *réussite* largement prédominant dans nos sociétés occidentales, coexisteront-ils avec lui ? Il est autant présomptueux que dogmatique de l'affirmer. Le futur proche sera passionnant au niveau économique, écologique ou humain, car les méthodes actuelles ont fait long feu.

L'espoir d'un ressourcement des organisations et des individus nécessite de sortir d'une pensée naïve et binaire du monde pour acquérir une connaissance approfondie des éléments qui le composent. Partant de ce principe, la deuxième partie étudie les concepts de motivation, de buts et de valeurs, éléments centraux du fonctionnement humain et de nos choix de vie.

PARTIE II

LE MONDE SECRET DE LA MOTIVATION

Les cinq années qui séparent mon intuition concernant une configuration favorable à la dynamique individuelle et collective de la production d'une méthode rigoureuse applicable au plus grand nombre ont été passionnantes. Chaque lecture s'est révélée une source d'inspiration ; chaque intervention, un laboratoire d'investigation ; le visionnage d'un moment de sport, l'interview d'un chef d'entreprise ou d'un collaborateur, un baromètre de la cohérence entre mon approche et la réalité. Tout au long de cette période de cinq ans, j'ai observé des récurrences, et en particulier :

- le rôle central de la motivation dans toute entreprise individuelle ou collective ;
- l'existence d'une incroyable diversité humaine, que les modèles standards et « catégorisants » actuels ne peuvent ni détecter ni favoriser ;
- l'interdépendance du contexte, du management et des acteurs du système dans la mise en mouvement des individus ;
- le caractère déterminant du contexte dans les notions de réussite et d'échec, et dans la performance des organisations.

Chapitre 1

Sortir du confort de nos croyances

« La plupart de nos connaissances ne s'appuient pas sur des preuves mais sur des croyances raisonnables. »

Daniel Kahneman[1]

I. La motivation est un principe dynamique

Facteur essentiel de toute dynamique individuelle et collective, et d'une performance organisationnelle robuste[2], la motivation a fait l'objet, ces dernières décennies, d'une attention particulière de la part de la psychologie moderne et du monde du travail. Cela peut se comprendre, car sans motivation, pas d'engagement, et sans engagement, pas de bien-être ni de performances individuelles et collectives durables. À ce sujet, l'institut Dale Carnegie, dans un article

1. Kahneman, Daniel et Fischler, Claude (propos recueillis par), « Rencontre avec Daniel Kahneman : pensée lente, pensée rapide », *Sciences humaines*, n° 246, mars 2013, p. 32.

2. Pour approfondir le lien entre motivation, performance et bien-être dans les organisations, cf. Deci, Edward, Olafsen, Anja et Ryan, Richard, « Self-Determination Theory in Work Organizations : The State of a Science », *Annual Review of Organizational Psychology and Organizational Behavior*, vol. IV, mars 2017, p. 19-43.

de 2020[3], regroupant différentes études sérieuses, énonce que les organisations dont les salariés sont motivés :
* accroissent leur productivité de 17 % ;
* dopent les bénéfices de 21 % ;
* stimulent les ventes de 20 % ;
* augmentent la fidélisation des employés de 24 % ;
* réduisent les pertes de 28 % ;
* améliorent la satisfaction des clients de près de 10 %.

Or, si 85 % des dirigeants s'accordent à dire que l'engagement des salariés est un enjeu majeur, peu d'entre eux ont instauré une configuration favorable à son éclosion. La raison principale de cet échec repose, *selon moi*, sur une croyance tenace qui voit la motivation uniquement de manière quantitative (peu motivé/très motivé).

Mais comment définir la motivation ? Selon Robert Vallerand et Edgar Thill, le concept de motivation représente « le construit hypothétique utilisé afin de décrire les forces internes et/ou externes produisant le déclenchement, la direction, l'intensité et la persistance du comportement[4] ».

I. : Kézaco ?

F. : Pour le dire simplement, ***la motivation est une force qui soutient une personne dans son action pendant le temps nécessaire, en vue d'atteindre un résultat.***

I. : C'est donc ce qui nous incite à penser, à agir et à nous développer ?

F. : Exactement.

Pour explorer et comprendre ce vaste sujet, je me suis appuyé sur la théorie de l'autodétermination. Cette macrothéorie de la motivation humaine et de la personnalité n'est pas la seule réponse pertinente pour expliquer les questions sur le fonctionnement humain. Cependant, en

3. Mark Marone, « Every Manager's Guide to the Fundamentals of Employee Engagement », Dale Carnegie, 5 mars 2020.

4. Vallerand, Robert et Thill, Edgar, *Introduction à la psychologie de la motivation*, Paris, Éditions Vigot, 1993, p. 18.

abordant cette notion sous l'angle qualitatif (c'est-à-dire en distinguant plusieurs types de motivation, chacun ayant des conséquences spécifiques au niveau affectif, comportemental et cognitif), cette théorie apporte des réponses utiles, non abordées par les approches quantitatives.

Un premier pilier de cette théorie est de considérer l'être humain comme naturellement actif et curieux, porté vers le développement et la maîtrise des défis.

Une deuxième dimension montre que chaque personne cherche de manière innée à satisfaire trois besoins psychologiques fondamentaux universels : l'*autonomie*, la *compétence* et la *relation sociale*.

- L'*autonomie* suppose qu'une personne s'engage volontairement dans une action, assume ses actes et se sente en harmonie avec sa personnalité profonde[5].
- La *compétence* repose sur un sentiment d'efficacité chez celui qui agit, ce qui stimule en retour sa curiosité et son envie de relever des défis[6].
- La *relation sociale* correspond au sentiment d'appartenance et à l'envie d'être connecté avec des personnes qui nous sont chères[7].

5. Citons ici les travaux de DeCharms, Richard, *Personal Causation : The Internal Affective Determinants of Behavior*, New York, Academic Press, 1968, ou encore Deci, Edward et Ryan, Richard, *Intrinsic Motivation and Self-Determination in Human Behaviour*, New York, Plenum Press, 1985.

6. Cf. White, Robert, « Motivation Reconsidered : The Concept of Competence », dans *Psychological Review*, vol. LXVI, n° 5, 1959, p. 297-333 ; et Bandura, Albert, « Self-Efficacy : Toward a Unifying Theory of Behavioral Change », dans *Psychological Review*, vol. LXXXIV, n° 2, 1977, p. 191-215.

7. Cf. Ryan, Richard, « Agency and Organization : Intrinsic Motivation, Autonomy, and the Self in Psychological Development », in Jacobs, Janis (dir.), *Nebraska Symposium on Motivation. 1992 : Developmental Perspectives on Motivation*, vol. XL, Nebraska, University of Nebraska Press, 1993, p. 1-56 ; ou Baumeister, Roy et Leary, Mark, « The Need to Belong : Desire for Interpersonal Attachments as a Fundamental Human Motivation », dans *Psychological Bulletin*, vol. CXVII, n° 3, juin 1995, p. 520.

Enfin, troisième pilier de l'édifice, l'*environnement* joue un rôle central pour favoriser et supporter une motivation qualitative. À ce sujet, les études menées depuis cinquante ans, au niveau mondial, dans les domaines du travail, de la santé du sport ou de l'éducation, montrent de manière récurrente que *les contextes personnels et professionnels nourrissant nos besoins de compétence, de relation et d'autonomie génèrent une motivation qualitative (autonome), caractérisée par un sentiment de réalisation personnelle et de croissance psychologique*[8].

Au regard de ces éléments, le manque d'initiatives, constaté chez certains de nos concitoyens, et les différences d'engagement, de rendement et de bien-être entre les personnes ne sont plus envisagés sous un angle identitaire (bon/mauvais), mais comme le fruit de l'interaction entre la qualité de l'environnement et notre nature proactive.

II. Changer de paradigme pour comprendre le monde

Décrypter la motivation, au sens de la théorie de l'autodétermination, nécessite de sortir de nos modèles classiques de pensée. L'exercice qui suit illustre combien la réalité peut être multiple et que voir au-delà des contraintes fictives ou réelles est crucial pour comprendre et intégrer de nouveaux enseignements.

---

8. Cf. notamment Deci, Edward et Ryan, Richard, « Self-Determination Theory : A Macrotheory of Human Motivation, Development and Health », dans *Canadian Psychology*, vol. XLIX, n° 3, 2008b, p. 182-185 ; et Abun, Damianus et Maggalanez, Theogenia, « Psychological Need Satisfaction at Work of Faculty and Employees of Divine Word Colleges in Region I, Philippine and their Work Engagement », *International Journal of Applied Research*, vol. IV, n° 3, 2018, p. 21-30.

Schéma 5 : Test des neuf points

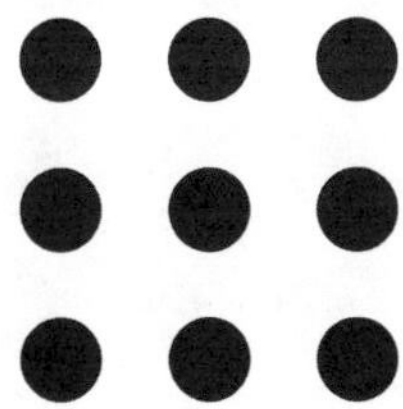

Pour répondre à ce test, suivez les consignes suivantes.

1. Reproduisez la figure ci-dessus sur une feuille de papier.
2. Essayez de joindre les neuf points en traçant au maximum quatre lignes.
3. Le crayon doit rester en permanence en contact avec la feuille.
4. Chacun des points doit être traversé seulement par une ligne.
5. Essayez quelques minutes, puis lisez la suite.

I. : Pff, c'est impossible, votre exercice !

F. : Autorisez-vous à sortir des contraintes que vous vous êtes fixées.

I. : Comment ça ?

F : Réessayez en faisant déborder les lignes de la figure. En acceptant de sortir de cette contrainte du carré, la solution devient assez simple.

I. : Eurêka, j'ai trouvé !

Pour résoudre ce test, comme pour comprendre le concept de motivation, il convient de sortir des modèles actuels. Lors de ce test, une majorité d'individus créent une réalité superposée en voyant un carré imaginaire, formé par les neuf points ; cette contrainte implicite rend le problème insoluble.

Schéma 6 : Test des neuf points - Solution avec quatre traits

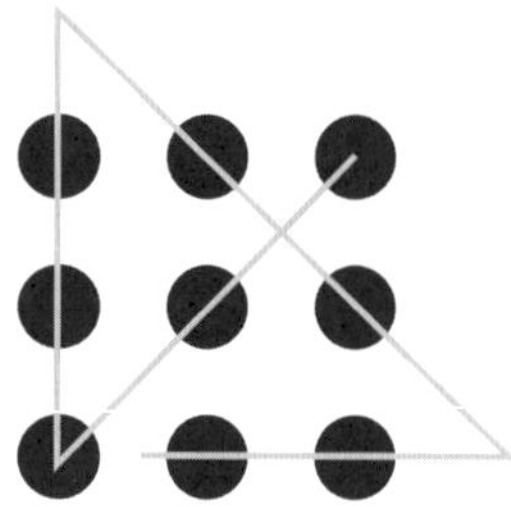

Vous pouvez pousser plus loin l'exercice en joignant les neuf points avec trois lignes au maximum ou, soyons fous, un seul trait.

I. : Vu la difficulté avec quatre traits, je comprends votre présence dans cet établissement psychiatrique.

F. : Chère Ilda, sortir du cadre de pensée permet souvent de résoudre un problème. En sortir largement ouvre de nouvelles perspectives insoupçonnées.

Schéma 7 : Test des neuf points - Solution avec trois traits

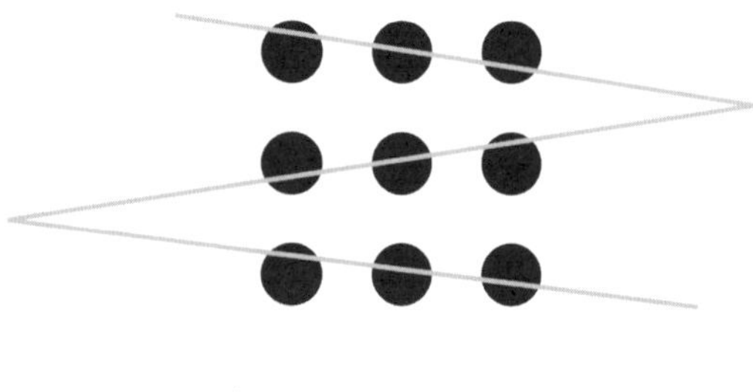

Solution avec un trait

Imaginez votre figure non sur une surface plane, mais en trois dimensions. Pour y parvenir, prenez votre feuille et faites-en un cylindre. La solution s'offre d'elle-même.

Créer une configuration favorable à l'épanouissement et à la performance demande de changer de paradigme. En effet, répondre à la question : « Comment motiver les individus pour apprendre, travailler ou prendre leur médicament ? » comporte déjà un biais, qui rejette la possibilité de l'existence d'une motivation à l'état naturel. Ce mode de fonctionnement, caractéristique de l'Empire C4, implique *ipso facto* la présence d'un déclencheur externe ou interne pour assurer une mise en mouvement qui revient à rester dans le fameux « carré » du test des neuf points.

Or, nous sommes nombreux à pratiquer une activité seulement pour le plaisir qu'elle procure, ce qui constitue la caractéristique primordiale de la motivation intrinsèque. Les jeunes enfants qui jouent des heures durant et les centaines de millions d'individus qui pratiquent des activités uniquement pour le bien-être qu'ils en retirent sont des exemples d'individus *autodéterminés* dans leur action. Ainsi, accepter l'existence de motivations multiples permet non plus de se demander : « Comment motiver ? », mais plutôt : « Comment créer un contexte qui favorise une motivation qualitative ? »

III. Les découvertes des pionniers (motivation intrinsèque *vs* extrinsèque)

En 1948, Harry F. Harlow, professeur de psychologie à l'université du Wisconsin, observe des singes en cages, dans lesquelles se trouvent des cordes en suspension et un casse-tête à résoudre. Contre toute attente et très rapidement, les singes s'attachent à résoudre le casse-tête plutôt qu'à se balancer de corde en corde. C'est à ce moment qu'est employé pour la première fois le terme de « motivation intrinsèque », car l'unique récompense se trouve dans le plaisir de pratiquer l'activité. L'expérience s'est prolongée en introduisant une « prime alimentaire ». Cette récompense, qui aurait dû stimuler les primates, selon les standards tayloristes et comportementalistes, a entraîné une baisse de motivation intrinsèque et engendré un nombre supérieur d'erreurs.

Dans les années 1960, pendant que l'Empire C4 se démène pour ramener l'ordre dans la galaxie *command & control* en combattant les hippies, un étudiant fraîchement sorti de l'université, Edward Deci (fondateur, avec Richard Ryan, de la théorie de l'autodétermination), reprend les travaux de Harlow. Avec l'aide de son mentor, Victor Vroom, Deci construit un paradigme expérimental pour étudier l'influence des récompenses sur nos comportements. Nous sommes en 1971 et son choix se porte sur le puzzle Soma, un jeu constitué de sept pièces en 3D, dont les multiples possibilités d'assemblage produisent de nombreuses formes (canapé, avion, chien...).

Schéma 8 : Puzzle 3D Soma

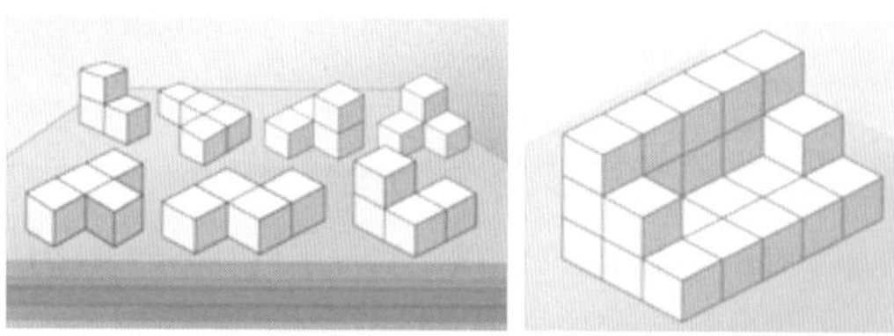

Un avantage du jeu réside dans son côté évolutif (différents niveaux de difficulté), qui provoque un sentiment d'accomplissement pour les participants, qui s'y adonnent avec plaisir. Deci rassemble donc 64 étudiants pendant trois jours et les répartit en deux groupes choisis au hasard, certains stimulés par une rémunération, appréciable pour l'époque, d'autres non. Les résultats obtenus montrent que les participants ayant reçu une récompense (groupe A) ont déployé une motivation intrinsèque inférieure par rapport à ceux qui n'avaient reçu aucune gratification (groupe B). En outre, les participants du groupe A se sont désintéressés de la tâche à effectuer lorsque la récompense a disparu : *Stop the pay, stop the play*[9] (« Si tu stoppes la récompense, je ne joue plus. »).

Cette expérience confirme au niveau humain les résultats obtenus par Harlow avec des primates, à savoir que la motivation intrinsèque existe bel et bien, et que l'introduction d'une récompense change le rapport qu'entretient une personne ou un groupe vis-à-vis d'une activité, cette dernière perdant de son intérêt, étant perçue comme un simple moyen pour obtenir un but extérieur.

Or, l'existence d'une motivation intrinsèque tend à confirmer que les êtres humains sont des organismes naturellement curieux : « Cette tendance naturelle est un élément essentiel du développement physique, social et cognitif, car c'est en agissant selon ses propres besoins et intérêts que l'homme va développer de manière harmonieuse ses connaissances et ses aptitudes. Notre tendance à nous intéresser à des choses nouvelles, à activement intégrer et à utiliser nos capacités avec créativité n'est pas limitée à l'enfance, mais est un élément majeur de la nature humaine qui influe sur la performance, la persistance et le bien-être dans les différentes époques de la vie[10]. »

L'un des exemples récents les plus éclairants de notre capacité d'investissement et de prise de responsabilité de

9. Deci, Edward et Flaste, Richard, *Why We Do What We Do : Understanding Self-Motivation*, Londres, Penguin Books, 1996.

10. Ryan, Richard et La Guardia, Jennifer, « What is Being Optimized ? Self- Determination Theory Perspective on Basic Psychological Needs Across the Life Span », in Honn Qualls, Sarah et Abeles, Norman, *Psychology and the Aging Revolution. How we Adapt to Longer Life*, Washington, American Psychological Association, 2000, p. 154-172.

nos actes sans y être contraints nous a été offert par la crise sanitaire. Avec la mise en place du télétravail à marche forcée, une majorité d'individus ont adopté des comportements autonomes, permettant aux entreprises de fonctionner, sans pour autant être surveillés par des managers de proximité, des pointeuses et autres éléments de contrôle. Or, malgré ces résultats probants, le système « tayloriste » a rapidement encadré le travail à distance par une série de mesures contrôlantes (production de rapports d'activité quotidiens, surveillance du temps de connexion et d'activation de la souris, appel masqué...), recréant un système toxique plutôt qu'une motivation qualitative.

Chapitre 2

Œuvrer pour une motivation autonome

Bien que la motivation intrinsèque soit le « nec plus ultra » de l'engagement, de la performance et de l'épanouissement personnel, beaucoup d'activités ne sont pas passionnantes. Au quotidien, nous devons tous accomplir des tâches :

- peu stimulantes mais indispensables au fonctionnement de la collectivité (descendre les poubelles, faire les courses, assister à des réunions, finir un rapport, etc.) ;
- utiles et dans lesquelles nous nous engageons parfois volontiers, sans que l'activité soit intrinsèquement motivante (soutenir un collaborateur dans un moment difficile, faire de l'exercice physique pour rester en bonne santé, élaborer une stratégie...).

Pour autant, peut-on conclure que ces activités non passionnantes s'accompagnent obligatoirement d'un sentiment de contrainte et que, sous prétexte d'épanouissement, les individus devraient faire ce qu'ils veulent quand bon leur semble ? La réponse est évidemment : « Non ! »

Le fonctionnement cohérent d'un groupe (famille, entreprise, Société...) repose sur l'acceptation de règles et l'adoption de comportements spécifiques par ses membres. Deci et Ryan ont montré que même des activités non intrinsèquement motivantes peuvent être accomplies avec plaisir ou sans contrainte si *la perception d'autonomie de celui qui la réalise est réelle*. Ainsi, « certains comportements, sans être émis nécessairement par plaisir, peuvent toutefois être réalisés par choix[1] » et participer à un sentiment d'accomplissement. En conséquence, toute personne en position d'autorité doit examiner comment son environnement et ses pratiques influencent la perception d'autonomie ou de contrainte des personnes sous sa responsabilité. Ainsi, le professeur qui impose des règles strictes à ses élèves ne laisse aucune latitude dans le choix des activités et évalue uniquement par les notes, engendrant une motivation de type contrôlée. Cela conduit à de l'obéissance et à des comportements adaptatifs axés sur la note et l'évitement de la punition plutôt que sur l'intérêt de l'activité et la progression. Comme le soulignait Einstein en son temps : « Bon gré mal gré, on devait pour les examens, se bourrer la cervelle de tout ce qu'on vous demandait de retenir. Cette contrainte avait sur moi un effet si négatif qu'après avoir passé l'examen de sortie, je fus dégoûté de l'étude et de tout problème scientifique durant une année entière[2] ». Si Einstein a ressenti ce sentiment de dégoût pour un domaine qui était sa vie, imaginez ce que ces pratiques contrôlantes génèrent sur des élèves ou des collaborateurs moins passionnés.

1. Paquet, Yvan, Carbonneau, Noémie et Vallerand, Robert, La théorie de l'autodétermination. Aspects théoriques et appliqués, Louvain-la-Neuve, De Boeck supérieur, 2016 p. 101.

2. Cité dans Hoffmann, Banesh et Dukas, Helen, *Albert Einstein, Creator and Rebel*, [s. l.], Paladin, 1975, p. 39.

I. Comprendre les types de motivation pour libérer les tensions.

Les recherches menées depuis cinquante ans par la théorie de l'autodétermination ont permis d'établir une taxinomie détaillée des types de motivation. Comme le montre le schéma 9, la distinction d'origine motivation intrinsèque/motivation extrinsèque a fait place à une classification plus fine, distinguant motivation autonome, motivation contrôlée et amotivation.

Schéma 9 : Taxinomie et caractéristiques principales des différents types de motivation selon la théorie de l'autodétermination (adaptation d'après le schéma de Sarrazin et al 2011)

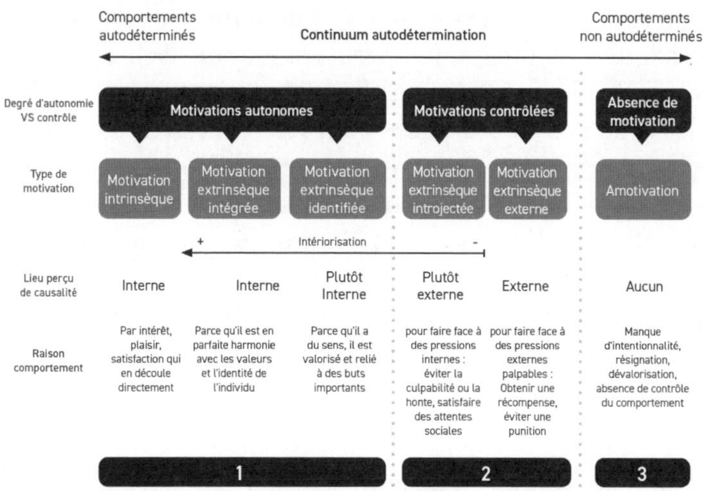

La motivation autonome (segment 1 du schéma 9) implique que les individus se comportent en ayant pleinement le sentiment d'un libre choix. Elle inclut deux types.

– *La motivation intrinsèque,* qui consiste à exercer une activité simplement pour le plaisir qu'elle procure, s'observe chez de nombreux artistes, entrepreneurs, sportifs ou personnes pratiquant une passion. Elle est en revanche rare chez les dirigeants du Cac 40 ou les hommes politiques actuels. Souvent guidés par des buts par nature compensatoires comme la gloire, le pouvoir ou l'argent, ils ne ressentent que peu de plaisir pour la pratique de l'activité. Or, la motivation intrinsèque est importante, car elle permet notamment de rester concentré pendant des heures, d'être d'enthousiaste et de conceptualiser son apprentissage. En outre, elle décuple la créativité et l'inventivité, soutenant l'apparition de solutions nouvelles, toutes ces composantes engendrant excellence et sentiment d'épanouissement.

– *Les motivations externes de type « intégrées et identifiées »* induisent qu'une personne agit avec suffisamment de volition pour se considérer à l'origine de son action[3]. Bien que le plaisir de l'activité ne soit pas l'unique récompense, ces individus intègrent l'importance d'une tâche, adhèrent consciemment aux objectifs, s'identifient à la nécessité des actions à entreprendre pour les atteindre et s'engagent sans sentiment de contrainte (*motivation intégrée*). Quand une tâche demandée (par exemple, aider les autres, être attentionné dans son travail, faire du sport...) représente une valeur très importante ou fait partie de la personnalité profonde, apparaît une *motivation intégrée* qui se traduit par un sentiment d'accomplissement dans l'activité et une plus grande stabilité mentale.

La motivation contrôlée (segment 2 du schéma 9) comprend les formes les moins autodéterminées de la motivation extrinsèque. Dans ce cas, une personne agit sous l'influence de pressions (d'ordre interne ou externe) et d'exigences reliées à la production d'un rendement ou d'un comportement spécifique, avec un sentiment de contrainte.

3. Pour plus de précision, se rapporter au continuum d'autodétermination du schéma 9.

En présence d'une *motivation par régulation externe*, « les individus perçoivent leur comportement comme directement contrôlé par les autres[4] ». Ils agissent uniquement pour satisfaire une demande extérieure, comme obtenir une récompense ou éviter une punition.

Dans le cas d'une *motivation par régulation introjectée*, les raisons du comportement sont légèrement intériorisées, mais pas pleinement acceptées. L'individu n'agit plus seulement en fonction de contraintes extérieures, mais également en fonction de pressions internes (comme la culpabilité ou la désirabilité sociale). Le comportement n'est pas autodéterminé, car il reste motivé par un souci d'apparence, d'acceptation ou de la satisfaction de l'ego.

En cas de motivation introjectée, les individus peuvent être très impliqués, mais présentent :

- un degré d'anxiété important (« Je dois à tout prix arriver à effectuer cette tâche », « Que va-t-on penser si je ne remets pas un travail de qualité ? ») ;
- une estime de soi conditionnée, leur sentiment de valeur personnelle étant subordonné à l'atteinte d'un résultat.

En cas de réussite, ils ont tendance à « s'autoglorifier » ; en cas d'échec, ils peuvent se déprécier ou rejeter la faute sur des causes extérieures.

Enfin, l'amotivation (segment 3 du schéma 9) se traduit par l'absence pure et simple de motivation. Les personnes amotivées sont souvent résignées et exécutent machinalement les activités demandées, sans intention ni plaisir. L'amotivation survient en général quand une personne ne voit aucun lien entre son comportement et le résultat à produire, ou quand elle ne se sent pas compétente pour réaliser une tâche. Les cas de déscolarisation précoce et de désocialisation en sont des illustrations.

---

4. Deci, Edward, Ryan, Richard et Olafsen, Anja, « Self-Determination Theory in Works Organization : The State of the Science », *Annual Review of Organizational Psychology and Organizational Behavior*, n° 4, 2017, p. 21.

Or, les différents types de motivation se dessinent au regard du degré, plus ou moins marqué, d'autonomie ou de contrainte que nous percevons lors de la poursuite d'un but ou la réalisation d'une tâche. Selon Deci et Ryan, le développement de la motivation est envisagé comme « un processus par lequel l'humain intériorise, développe, perfectionne et intègre ses structures internes ou les représentations qu'il se fait de lui-même et du monde qui l'entoure[5] ». Chaque individu a une tendance naturelle à interagir avec son environnement et à intégrer de manière proactive des messages, des codes et des mœurs de l'extérieur. Toutefois, le degré d'internalisation, et donc d'acceptation volontaire des demandes externes, dépend de la qualité de l'environnement. Certaines instrumentalités (menaces, pressions, récompenses conditionnelles...) sont perçues par l'individu comme particulièrement contraignantes, entraînant des comportements non autodéterminés (motivation contrôlée). D'autres instrumentalités (choix significatif, communication des raisons d'une demande, feedbacks informationnels...) sont perçues comme non contrôlantes, satisfaisant nos besoins psychologiques fondamentaux de compétence, de relation et d'autonomie, et générant des comportements plus autodéterminés (*motivation autonome*).

Ainsi, lorsqu'un salarié remet un rapport de qualité à sa direction pour éviter de se sentir coupable, par peur de la sanction ou pour obtenir une promotion, il n'y a qu'une intégration partielle de la valeur travail, et donc la motivation est contrôlée. Au contraire, lorsqu'il s'engage dans cette tâche par souci du travail bien fait et qu'il bénéficie du soutien de son entourage, il y a une intégration complète de cette valeur travail et un comportement autonome.

L'observation du monde du travail, de la santé ou de l'éducation montre la prééminence d'environnements et de pratiques contrôlants qui génèrent invariablement une

5. Repris dans Paquet, Carbonneau et Vallerand, 2016, p. 20.

motivation contrôlée, peu propice à l'épanouissement individuel, à la santé mentale et à une performance durable. Heureusement, comme nous allons le voir, l'aspect dynamique de la motivation ouvre des perspectives pour ajuster positivement nos contextes de travail[6].

II. Les facteurs influençant santé, épanouissement et performance

La motivation autonome et les besoins psychologiques fondamentaux sont les facteurs centraux (les médiateurs) de nos comportements et de nos ressentis vis-à-vis du travail et au niveau général. Leur solidité dépend à la fois de la qualité de l'environnement et de différences individuelles.

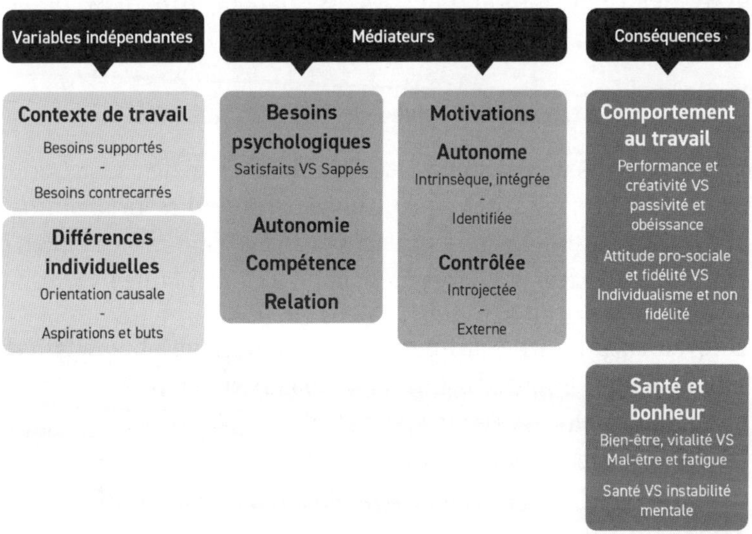

6. Cf. Gagné, Marylène et Deci, Edward, « Self-Determination Theory and Work Motivation », *Journal of Organizational Behavior*, vol. XXVI, n° 4, juin 2005, p. 331-362.

A. Qualité du contexte et motivation autonome

Comme une plante a besoin de soleil, d'eau et d'oxygène, l'homme a besoin d'un contexte sociétal et de travail satisfaisant ses besoins de compétence, de relation sociale et d'autonomie. Ainsi, plus une personne comprend la valeur et l'utilité de son travail (vis-à-vis d'une mission, d'une tâche spécifique ou d'un objectif), se sent responsable et autonome dans son accomplissement, reçoit des retours et le soutien de personnes significatives, plus elle s'impliquera, sera créative et persévérante face aux difficultés, et déploiera une grande capacité d'apprentissage et d'adaptation.

L'environnement de travail

L'environnement de travail désigne l'ensemble des conditions matérielles et humaines du cadre professionnel. Cela inclut la culture de l'entreprise, le style de leadership et les pratiques organisationnelles (décisions, récompenses, organisation du travail...).

Culture d'entreprise et modes de fonctionnement

Les organisations soucieuses du bien-être des collaborateurs et reconnaissantes de leur investissement favorisent une motivation autodéterminée. Par « reconnaissance » et « bien-être », ne pensez pas « pépètes, baby-foot et plantes vertes » ou « monde des Bisounours », mais un environnement qui :
- offre des choix significatifs aux salariés et prend en compte leurs problématiques réelles (autonomie) ;
- reconnaît l'utilité de leur activité et donne des retours constructifs (compétence) ;
- encourage le développement des relations significatives avec les autres (relation) ;
- soutient les initiatives et encourage la responsabilité et la collaboration (autonomie, compétence, relation).

Bien que peu palpable, la culture d'entreprise envoie des signaux non équivoques sur les comportements attendus. S'agit-il d'une structure hyper-hiérarchisée ou horizontale ? Les objectifs sont-ils fixés arbitrairement ou coconstruits ? Favorise-t-on l'esprit collaboratif ou la compétition ?

Lors de mes interventions, j'accorde une importance particulière à la culture, aux procédures et aux pratiques qui rythment le quotidien des individus et des équipes. Ces éléments sont pertinents pour comprendre « ce qui se joue » au niveau individuel et collectif, et pour ouvrir des pistes d'accompagnement utiles. Rappelons-le, chaque facteur externe véhicule potentiellement un aspect contrôlant et un aspect informationnel. Cet aspect est interprété de manière subjective par chacun en fonction de son expérience de vie et de son orientation personnelle, et favorise ou contrarie l'adoption de comportements authentiques ou contraints. À titre d'exemple, une entreprise qui aménage les plages horaires de travail pour répondre aux problèmes de transport de ses salariés envoie un signe fort de soutien, pouvant générer en retour une motivation plus qualitative. Ce soutien est encore plus visible lorsque les collaborateurs ont une maîtrise réelle sur leurs activités et perçoivent le climat de travail comme non contrôlant et encourageant l'initiative.

Style de leadership et soutien des collègues

Dans toute organisation qui se respecte, le manager doit simultanément déployer la politique de l'entreprise, atteindre les objectifs fixés, accompagner les équipes et soutenir les collaborateurs. Or, le style de leadership (« autonomisant » ou contrôlant) a une répercussion majeure sur l'expérience travail des collaborateurs et leur engagement. En 2013, l'étude de Nicolas Gillet[7] sur les profils

7. Gillet, Nicolas *et al.*, « Situational Motivational Profiles and Performance with Elite Performers », dans *Journal of Applied Social Psychology*, vol. XLIII, n° 6, juin 2013, p. 1200-1210.

motivationnels a mis en avant qu'un superviseur soutenant l'autonomie et la compétence des collaborateurs au travail peut transformer rapidement une motivation contrôlée en une motivation autonome. Agir sur le style de leadership des managers en les formant à satisfaire les besoins fondamentaux de leurs collaborateurs est l'une des actions les plus efficientes et les moins coûteuses. Dans mes ateliers, les participants conscientisent leurs modes de fonctionnement et apprennent à :

– donner des choix réels aux collaborateurs sur les objectifs et les missions ;
– transférer une partie de leur pouvoir aux salariés, invités à prendre des décisions et des initiatives sur les sujets qui les concernent ;
– fournir des informations pertinentes et des directives claires sur les tâches demandées, tout en les inscrivant dans une perspective plus globale ;
– réduire au maximum les pressions, les menaces, les surveillances et les injustices ;
– installer un cadre de confiance et de sécurité au niveau financier, opérationnel, psychologique, etc.[8] ;
– appliquer des conséquences pour les comportements nuisibles à l'intérêt commun ;
– repérer les paradoxes entre discours et réalité d'entreprise, et à faire remonter les dysfonctionnements.

Un leadership « autonomisant », soutenu par la hiérarchie, encourage la créativité, la coopération ainsi que la persévérance face aux difficultés. En outre, en évitant une tension excessive et en incitant le progrès au quotidien, il développe des comportements responsables et un sentiment d'appartenance plus solide.

8. L'approche C.R.A.F.T., développée en troisième partie de cet ouvrage, donne des pistes de travail concrètes.

La qualité des relations entre collègues est également importante. À ce sujet, il a été constaté que, plus les tâches sont répétitives ou inintéressantes, plus l'organisation doit encourager la cohésion sociale et la camaraderie intra et interservices. Or, une équipe évolue dans le temps au gré des événements, des arrivées et des départs. Elle nécessite une attention permanente et des ajustements réguliers pour fonctionner de manière optimale. Les moments réguliers d'interaction, de confrontation et de cohésion renforcent les fondations des équipes autant que la fidélité des collaborateurs.

Aux antipodes des pratiques managériales de l'Empire C4, qui nous invitent à nous délester de nos émotions pour embrasser une rationalité de tous les instants, la performance, la « vraie, la tatouée », demande un environnement où nous nous sentons soutenus et acceptés.

B. Les caractéristiques du travail

Les caractéristiques du travail constituent un deuxième levier pour une motivation autonome.

Ajuster en partie le contenu des postes en fonction des aspirations, facultés et compétences de chacun offre de nouvelles sources d'épanouissement et de performance. Cela ne signifie pas permettre à chacun de faire ce qu'il veut, mais d'élargir sa vision du monde en favorisant la diversité humaine. Par exemple, permettre à un collaborateur compétent pour les interactions et la médiation d'aider dans la diffusion d'informations, la mobilisation des équipes et la pacification des relations est un pari gagnant pour la personne et l'organisation.

Autre caractéristique du travail sur laquelle les organisations peuvent intervenir : l'*interdépendance des tâches.* Sauf exceptions, les activités « modernes » nécessitent des interactions fréquentes avec les collègues et les autres services. Un contexte invitant à sortir de ses perceptions individuelles pour comprendre les contraintes, les besoins et les perceptions des autres services soutient cette interdépendance. En favorisant le débat d'idées, la communication et la collaboration, en exprimant ses attentes et ses craintes, plutôt que de se centrer sur les objectifs individuels et le débat d'ego, une organisation nourrit les besoins de compétence, de relation et d'autonomie.

La disparition progressive des tâches répétitives en faveur d'activités nécessitant davantage de réflexion et d'échanges ne s'est malheureusement pas accompagnée d'un passage nécessaire des méthodes contrôlantes vers des pratiques plus « autonomisantes ».

C. Les pratiques organisationnelles.

L'Empire C4, pétrifié dans une vision archaïque du travail, continue d'encadrer le quotidien des individus par un nombre croissant de règles, de normes et de procédures qui nuisent à leur engagement. Les conclusions du théoricien en psychologie sociale Mark Lepper et de ses collègues de l'université Stanford sont sans appel : *tous ces facteurs perçus comme contrôlants ont un impact totalement négatif sur la motivation*. Parmi eux, citons la surveillance, les dates butoirs, les objectifs imposés, les primes de performance, les KPI[9], la culture individualiste, la rigidité du cadre de collaboration. En somme, toute la batterie de solutions et de procédures proposée par les cabinets de *consulting* dans les entreprises, dont la conséquence est un asservissement des individus et une « retaylorisation » de l'existence. Cet écart entre pratiques contrôlantes et besoins des individus explique, selon moi, en grande partie le désengagement et le mal-être de plus en plus prononcé des collaborateurs vis-à-vis de leur travail et de leurs organisations.

9. *Key performance indicator*, ou indicateur clé de performance.

Le pouvoir de l'argent

En raison de sa fonction centrale dans les organisations, portons notre attention sur le sujet sensible de la rémunération. Le débat est d'autant plus animé que la société néolibérale l'a érigée comme un critère de réussite sociale, un déterminant de la valeur des individus et le levier pour « motiver » les travailleurs.

Comme vu précédemment, la théorie de l'autodétermination a abattu les croyances sur la relation positive entre rémunération et motivation. Une méta-analyse publiée en 2014 par Cerasoli, Nicklin et Ford, et reprenant quarante ans d'études sur le sujet[10], montre que l'introduction d'une rémunération conditionnelle (par exemple, une prime sur objectif) baisse le niveau de motivation autonome et augmente le niveau de motivation contrôlée. La raison en est simple : lorsqu'un individu commence à être payé pour atteindre un résultat, sa relation avec l'activité devient instrumentalisée et contrainte. Il en ressort alors un état d'aliénation corrélatif et des conséquences dommageables, comme une perte de vitalité et d'excitation pour l'activité ainsi qu'une plus grande fragilité mentale.

Contrairement aux certitudes des organisations sur le sujet, les rémunérations liées au rendement ne sont pas ou peu compatibles avec des performances de haute qualité[11]. Pour les tâches dites « heuristiques » (c'est-à-dire qui nécessitent un certain degré de réflexion), ces récompenses contingentes bloquent en général la créativité, génèrent plus d'anxiété et conduisent à des solutions moins qualitatives. Les entreprises comme les fédérations et les clubs professionnels ou les écoles

10. Cerasoli, Christopher, Nicklin, Jessica et Ford, Michael, « Intrinsic Motivation and Extrinsic Incentives Jointly Predict Performance : A 40-Year Meta-Analysis », dans *Psychological Bulletin*, vol. CXL, n° 4, juill. 2014, p. 980-1008.

11. Pour une revue complète, consulter l'article de Deci, Ryan et Olafsen, 2017.

qui n'envisagent le gain de performance et d'engagement que sous cet angle transactionnel se trompent fortement.

I. : Exactement le même mécanisme avec le don du sang

F. : C'est-à-dire ?

I. : Devant la pénurie des dons, les gouvernements lancent régulièrement des campagnes pour « motiver » les citoyens. La mesure phare consiste à donner une prime aux « donneurs », qui deviennent des « fournisseurs ». Ces mesures ont deux conséquences. La baisse de la qualité du sang donné et, sur le long terme, une baisse des stocks. Les personnes pratiquant le don altruiste (volontaire, non rémunéré, anonyme) le font par conviction (motivation autonome). L'introduction d'une récompense vient heurter leurs valeurs. Ne souhaitant pas être amalgamées aux « fournisseurs », elles se mettent en retrait. Quant aux « fournisseurs », une fois la carotte disparue, il arrête de donner.

La récompense est donc un outil à double tranchant, à utiliser avec précaution. Lorsqu'elle transmet des informations positives sur la qualité de notre travail, elle peut satisfaire notre besoin de compétence et renforcer une motivation qualitative. En revanche, lorsqu'elle est perçue comme contraignante, elle nous oblige à adopter certains comportements, provoquant motivation contrôlée et sentiment d'aliénation.

Un tour d'horizon des pratiques organisationnelles actuelles confirme pourtant la prééminence des récompenses contingentes (liées au rendement) pour stimuler les individus. Ces récompenses sont de trois types :

- liées à l'engagement, ce qui consiste à recevoir une récompense simplement pour avoir travaillé sur une tâche ;
- liées à l'achèvement, c'est-à-dire rétribuer chaque tâche exécutée ;
- liées à la performance pour l'atteinte d'une forme d'excellence vis-à-vis d'une tâche ou d'un objectif.

Les organisations et les managers qui mettent en place de telles pratiques adoptent de fait un style contrôlant, incompatible avec la satisfaction des besoins fondamentaux et l'engagement. Si l'on moyenne la « loyauté » et les comportements des collaborateurs, une majorité d'entre eux s'adaptent, se contentant de remplir leurs missions pour éviter la punition ou pour obtenir la récompense.

Que ce soit en tant que salarié ou consultant, j'ai subi et constaté l'effet dévastateur des récompenses conditionnelles sur l'esprit d'équipe et la bonne marche des organisations. Dans ces environnements de croissance mécanique, shootés aux récompenses conditionnelles, il n'est pas rare de voir des équipes sacrifier les résultats d'entreprise sur une année pour garantir leurs bonus sur le moyen terme, ou de ralentir les ventes en cours d'année pour éviter des objectifs trop importants l'année suivante. Implanter un contexte dans lequel les collaborateurs chassent les primes crée une culture de mercenaires, contraire à la fidélité des collaborateurs et à la stabilité de l'entreprise.

Attention, je ne nie pas le caractère central de l'argent dans la mise en mouvement des individus et son importance dans notre rapport au travail. Cependant, ce n'est pas dans sa dimension motivationnelle que l'on trouve une réponse satisfaisante, mais dans la sécurité qu'il apporte aux individus. De fait, une personne ne recevant pas un salaire suffisant pour se sentir en relative sécurité aura plus de difficultés à s'engager pleinement dans une activité, concentrée sur sa « survie ». Il est préférable de bien payer son personnel et de le mobiliser autour de tâches utiles plutôt que de lui faire miroiter un bonus alléchant. L'effet mobilisateur d'une augmentation de salaire ou d'une prime étant très limité dans le temps (quelques semaines), je souhaite bien du courage aux managers « transactionnels » le reste de l'année. Comme le souligne Roland Gori, il me paraît nécessaire « de remettre l'argent à sa place, s'en servir mais non le servir. Il nous faut préférer l'intelligence collective et délibérative aux automatismes sociaux, il nous faut privilégier le vif de la parole aux règles et normes formelles de la nouvelle bureaucratie et apprendre à nous méfier de leurs effets pervers[12] ».

Tais-toi et fais ce qu'on te dit

La menace et la pression sont deux autres facteurs externes contraignants qui produisent des effets similaires aux récompenses contingentes. Généralement, ces facteurs ne sont pas utilisés pour « punir réellement », mais pour « stimuler » les individus. À court terme, elles peuvent sembler efficaces, les collaborateurs travaillant sans relâche pour atteindre des résultats. Sur le long terme, en revanche, ces pratiques contrôlantes et contingentes entraînent soit une mise en retrait, soit une *motivation introjectée*, qui se traduit par des comportements individualistes, des interactions conflictuelles, et qui s'accompagne souvent d'un stress chronique, entraînant instabilité psychologique, mal-être profond et arrêts de travail prolongés.

« L'enjeu, c'est bien de changer la "culture" de l'entreprise au sens le plus concret de ce mot. Changer (révolutionner, en fait) les pratiques quotidiennes de travail, les relations, en remettant en cause les hiérarchies obsolètes, les territoires, et bien d'autres choses encore, qui apparaissent dès que l'on commence à tirer ce fil[13]. » Car, si ces facteurs externes ont pu fonctionner lorsque la plupart des tâches demandées étaient simples et décomposées, la complexification du monde (marquée, entre autres, par la délocalisation des tâches répétitives, les nouveaux métiers et l'ultra-concurrence) nécessite un *reboot* de nos pratiques.

---

12. Gori, Roland, 2013, p. 40.
13. Dupuy, 2020, p. 23.

L'individu a besoin d'autre chose pour s'engager, qui passe nécessairement par la satisfaction de ses besoins d'autonomie, de compétence et de relation sociale, et par l'utilisation de ses facultés naturelles au quotidien et la possibilité de s'engager dans des actions qui font sens pour lui.

III. Les facteurs internes favorables à la motivation autonome

Si les facteurs externes, tels l'environnement, le style managérial et les caractéristiques du travail, sont des déterminants majeurs de la qualité de la motivation, les buts et les aspirations que nous poursuivons, les ressources dont nous disposons ainsi que notre orientation personnelle jouent également un rôle important dans notre engagement à long terme, notre capacité à surmonter les obstacles et à nous développer de manière harmonieuse.

A. État d'esprit fixe ou de croissance

Nous avons tous rencontré des individus positifs, curieux et dynamiques qui abordent l'existence comme une aventure, quand d'autres, plus sceptiques et critiques, voient le négatif dans chaque situation et envisagent la vie comme une série de problèmes.

De nombreux chercheurs se sont intéressés aux déterminants internes qui influencent nos comportements et notre perception des événements. Parmi ceux-ci, Carol Dweck occupe une place centrale. Depuis les années 1970, cette professeure de psychologie à l'université Stanford et ses collègues se sont penchés sur la notion de *mindset* (« état d'esprit »). Les recherches ont permis de poser l'existence de deux catégories principales : l'état d'esprit de croissance (*growth mindset*), tourné vers le développement, et l'état d'esprit fixe (*fixed mindset*), centré sur la protection de ses acquis.

L'état d'esprit fixe s'ancre dans une approche statique de l'intelligence. Ces personnes considèrent le QI, les qualités et les talents comme innés, un patrimoine transmis à la naissance, ne variant pas au cours de l'existence. Dès lors, l'objectif de vie ne consiste pas à se développer, à apprendre et à progresser, mais à protéger le « fameux trésor », à briller et à prouver leurs qualités. De fait, ces personnes ont tendance à :

- dépenser une énergie considérable pour prouver aux autres leur valeur et leur intelligence, et cacher leurs faiblesses, quitte à tricher si nécessaire ;
- éviter de s'investir dans des situations à « risques » qui pourraient montrer leurs insuffisances aux autres ;
- renoncer plus facilement face à l'adversité et à la difficulté, l'échec n'étant pas une expérience dont on peut apprendre, mais une preuve de son incompétence ;
- s'identifier à l'échec (« je suis un raté ») plutôt que d'y voir un simple résultat non atteint (« j'ai échoué ») ;
- s'entourer de personnes les valorisant plutôt que de rechercher des relations stimulantes ou des interactions profondes pour progresser ;
- adopter des raisonnements logiques et binaires – les intelligents et les stupides, les bons et les mauvais ;
- trouver des excuses plutôt que s'excuser (en prenant chaque retour pour une attaque personnelle, elles se justifient, accusent les autres plutôt que d'assumer leur part de responsabilité).

I. : Mais c'est le docteur Ivanov !
F. : Comment ?

I. : Celui dont vous parlez, qui passe son temps à se justifier, à dénigrer les idées des collègues, à s'entourer de personnes pour briller... C'est Ivanov.

F. : Ah oui ?

I. : À chaque fois que j'apporte des idées d'amélioration pour les patients ou l'hôpital, il me répond invariablement : « Oui, mais... non. Il faut regarder de manière plus globale... Je suis médecin, je sais mieux que vous », avec son ton condescendant.

À l'inverse, l'état d'esprit de croissance « est basé sur la croyance que vos qualités fondamentales sont des choses que vous pouvez cultiver par vos efforts[14] ». Il s'ancre dans une approche dynamique de la vie : tout le monde est capable de s'améliorer, de se développer, en investissant le temps et l'énergie nécessaires. Parce qu'elles pensent que leurs forces sont le résultat de leurs efforts plutôt que celui de leur patrimoine génétique, les personnes qui adoptent cet état d'esprit montrent une tendance à :

- entreprendre des projets pour progresser et apprendre, même si, ce faisant, elles révèlent leurs faiblesses ;
- prendre des risques dans des situations multiples, quitte à ne pas y arriver ;
- voir les erreurs et les échecs comme des opportunités de croissance ;
- rechercher des critiques constructives et persister face aux difficultés ;
- être motivées par les obstacles, les critiques, les difficultés, car elles savent que le chemin de leur réussite est ainsi pavé ;
- ne pas voir l'avantage à être la personne la plus intelligente du groupe, mais à identifier dans l'entourage celles capables de leur permettre d'atteindre leurs buts.

14. *Changer d'état d'esprit. Une nouvelle psychologie de la réussite*, Paris, éditions Mardaga, 2019, p. 13.

Schéma 11 : Les deux types d'esprit selon Carol Dweck

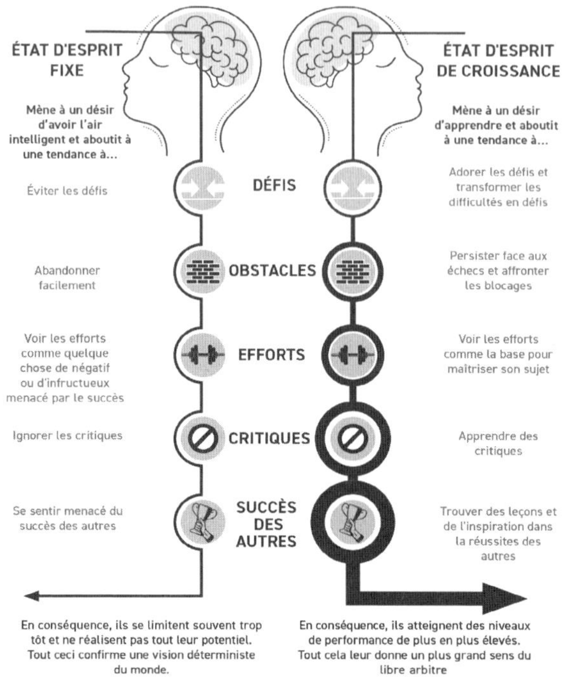

Implanter un environnement favorisant l'état d'esprit de croissance est important, car ces personnes « positives » sont plus stables psychologiquement et mieux équipées pour faire face aux difficultés quand arrivent les forts enjeux et les grandes responsabilités.

Or, si la croyance de notre vision de nous-mêmes joue un rôle essentiel dans nos comportements et nos ressentis, adopter un état de croissance n'est pas un chemin aisé. En effet, nous sommes un subtil mélange de ces deux états d'esprit, dont l'équilibre varie continuellement en fonction de nos expériences successives et de notre contexte personnel et professionnel.

En implantant une culture idéalisée du talent et des affaires (les hauts potentiels, les plans de carrière, les récompenses individuelles, etc.), les organisations participent à l'implantation d'un état d'esprit fixe. Le succès dépend évidemment de la conjonction de plusieurs facteurs[15], mais les recherches du consultant américain Jim Collins et de son équipe ont montré combien l'état d'esprit était un facteur récurrent du succès. Ils ont établi que les leaders qui réussissent « n'étaient pas les types truculents et charismatiques qui débordaient d'ego et de talent autoproclamé. C'étaient les personnes modestes qui posaient constamment des questions et avaient la capacité de faire face aux réponses les plus brutales – c'est-à-dire de regarder les échecs en face, même les leurs, tout en gardant foi dans le fait qu'elles finiraient par réussir[16]. » Ils ont également observé que les deux tiers des dirigeants qui montraient un ego démesuré avaient soit maintenu leur entreprise en deuxième zone, soit accéléré leur faillite. Poussé à son paroxysme, un état d'esprit fixe peut s'identifier à l'entreprise, ce qui explique les abus de biens sociaux, les tricheries et les malversations.

Malgré ces résultats, comment expliquer l'attrait de certaines organisations pour les dirigeants à l'état d'esprit fixe ? En premier lieu, on retrouve un effet de bord de la culture de l'ego et de cette vision jupitérienne du pouvoir, exacerbée depuis les années 1980. Ensuite, l'efficacité sur le court terme étant LE critère de décision, les *cost-killers* ambitieux séduisent plus que les « bâtisseurs de cathédrales ». Par ailleurs, comme François Dupuy, j'y vois la conséquence de l'inculture grandissante de nos dirigeants sur les sujets sociologiques et

15. Citons, entre autres, la maturité du marché, l'innovation et la qualité des produits et des services, le potentiel offert par la situation. À titre d'exemple, la guerre en Ukraine a constitué un potentiel favorable pour toute l'industrie de l'armement, indépendamment de toute autre considération.

16. Cité dans Dweck, 2019, p. 131.

humains. Enfin, les conséquences des décisions n'étant pas souvent immédiates, il est difficile d'observer l'impact positif ou négatif de leurs actions sur un temps court.

Les travaux du chercheur en éducation Benjamin Bloom confirment le principe dynamique des états d'esprit : « Après quarante ans de recherche intensive sur l'apprentissage scolaire aux États-Unis aussi bien qu'à l'étranger, ma conclusion principale est que ce que quelqu'un peut apprendre, presque toutes les personnes peuvent l'apprendre, si on leur donne les conditions préalables et le contexte approprié à l'apprentissage[17]. »

Dans les accompagnements de managers et d'équipe de direction, j'essaie d'instaurer cette culture de l'état d'esprit de croissance, notamment en travaillant divers points.

- Féliciter l'action plutôt que l'être afin d'encourager la persévérance et le développement, et d'éviter de fixer l'individu dans ses croyances de « douance ».
- Condamner systématiquement les phrases généralistes qui visent la personne (« tu es stupide », « tu es intelligent(e) »).
- Être spécifique et factuel dans ses retours, débriefer les processus sous-jacents, délaisser les généralités. Qu'ils soient positifs ou négatifs, ces retours constituent des tuteurs précieux quand ils se basent sur des faits concrets, mettent en avant une habileté ou un comportement précis et permettent des prises de conscience.
- Développer la sincérité dans ses interactions. En effet, un éloge non sincère sera rapidement perçu négativement.
- Donner du temps pour créer un espace de progression et monitorer l'évolution pour apprendre aux élèves et aux employés que l'intelligence peut être développée à force de travail et d'efforts.

---

17. Cité dans Dweck, 2019, p. 78.

- Privilégier le renforcement intermittent au lieu de systématiser les félicitations, car il est important d'accomplir des actes par et pour soi-même afin de ne pas être un *praise addict* (un « accro des félicitations »).

B. Équilibrer demandes de l'environnement et ressources personnelles

Que ce soit au travail ou dans notre sphère privée, notre quotidien est rythmé par les sollicitations extérieures et la manière dont nous y répondons. Le modèle JD-R[18] représente un fondement théorique pertinent pour comprendre cette relation entre *demandes* de l'environnement et *ressources* des individus, et favoriser une stabilité psychologique sur le long terme.

Les *demandes* se réfèrent à tous les aspects d'un emploi exigeant un effort physique ou psychologique. On peut citer la charge de travail, l'ambiguïté du rôle, les informations contradictoires de l'organisation, les demandes bureaucratiques, les interruptions intempestives, le conflit famille/travail, ou encore la pression psychologique. Les *demandes* ne sont pas nécessairement négatives tant qu'elles ne dépassent pas les capacités adaptatives des collaborateurs et que des ressources viennent compenser l'énergie qu'elles requièrent.

Qu'elles soient perçues comme stimulantes (défi, développement, apprentissage, excitation…) ou inhibantes (stress, colère, frustration…), les demandes sont invariablement associées à un coût physique et/ou psychologique. En cas de déséquilibre répété ou important, des conséquences

---

18. Le modèle *job demands-resources* (« demandes et ressources du travail ») est développé dans Demerouti, Evangelia *et al.*, « The Job Demands-Resources Model of Burnout », *Journal of Applied Psychology*, vol. LXXVI, n° 3, juin 2001, p. 499-512 ; et Bakker, Arnold et Demerouti, Evangelia, « The Job Demands-Resources Model : State of the Art », *Journal of Managerial Psychology*, vol. XXII, n° 3, avr. 2007, p. 309-328.

négatives, allant de la fatigue passagère à la fragilité mentale, apparaissent.

À l'opposé, les *ressources* de travail se réfèrent aux aspects physiques, psychologiques, sociaux ou organisationnels d'un emploi qui permettent de :
- réduire les demandes du travail et les coûts associés ;
- faciliter l'atteinte des objectifs du travail ;
- stimuler le développement personnel et/ou l'apprentissage.

Les employés qui bénéficient de ressources organisationnelles suffisantes expérimenteraient une impression générale de liberté psychologique supérieure (autonomie), des liens interpersonnels plus profonds (relation) et un sentiment d'efficacité renforcé (compétence), expliquant pourquoi ils sont moins épuisés et plus vigoureux dans leur travail.

Ainsi, les entreprises qui souhaitent un haut degré de performance et des salariés engagés dans la durée doivent observer leur organisation et rééquilibrer la balance entre demandes liées au travail et ressources de l'environnement. En effet, une fatigue prolongée se manifeste par des actions inefficaces, un déclin d'intérêt, d'implication et d'engagement, une réduction de la concentration et de la motivation, ainsi que le développement d'émotions négatives.

Pour utiliser une analogie, la performance d'un sportif de haut niveau repose sur des charges d'entraînement intenses et des durées de récupération suffisantes. Cet équilibre permet d'éviter les blessures et d'assurer la performance attendue le moment venu. En 2024, lorsque l'organisation de Roland-Garros oblige Novak Djokovic à jouer jusqu'à 3 h 7 du matin, le déséquilibre généré par cette demande intense se traduit par un retrait de la compétition et une opération du ménisque. Il en est de même pour les collaborateurs.

Enchaîner les demandes sans laisser de phases de récupération adaptées conduit irrémédiablement au « claquage » émotionnel, physique et psychologique.

Sonnentag et Fritz[19] ont établi une liste de quatre expériences de récupération prolongée, essentielles dans le processus de restauration des ressources affectives et régulatrices des individus.

- *Le détachement psychologique* correspond au désengagement mental vis-à-vis du travail. Il ne s'agit pas d'un simple éloignement physique, mais de la capacité effective des personnes à se détacher psychologiquement de la sphère professionnelle. Cette faculté, qui protège contre l'affaiblissement de nos ressources, explique pourquoi les personnes travaillant à domicile ou rapportant fréquemment des « dossiers » à la maison présentent des risques plus importants.
- *La relaxation* se définit comme le moment lié à une faible activation du système nerveux sympathique. Elle peut être d'ordre volontaire (méditation, sophrologie) ou d'ordre involontaire (promenade, lecture, vagabondage de l'esprit…). La mise en place de rituels favorisant ces moments accélère le détachement psychologique et favorise la stabilité mentale.
- *Les expériences de maîtrise* sont des activités qui nous donnent l'opportunité de développer de nouvelles compétences (cours de poterie, de musique, apprentissage d'une nouvelle langue…) ou de relever des défis (courir un marathon, gravir le Kilimandjaro, nager avec des requins…). Bien que nécessitant des efforts, elles mobilisent des ressources d'un autre ordre que celles du milieu professionnel et amènent une récupération, à condition qu'elles

19. Sonnentag, Sabine et Fritz, Charlotte, « The Recovery Experience Questionnaire : Development and Validation of a Measure for Assessing Recuperation and Unwinding from Work », *Journal of Occupational Health Psychology*, vol. XII, n° 3, 2007, p. 204-221.

ne dépassent pas les capacités énergétiques, physiques et psychologiques des personnes.

- *L'expérimentation du contrôle* pendant les loisirs se rattache au concept d'autonomie, au sens de la théorie de l'autodétermination. Cela inclut le choix d'activités personnelles procurant du plaisir et cohérentes avec ses envies, ce qui implique de laisser de côté des activités stressantes ou obligatoires. Les expériences de maîtrise et l'expérimentation du contrôle nécessitent également de bénéficier de latitude dans l'organisation de l'activité, que ce soit en matière de contenu, de durée, d'intensité ou de récurrence.

En plus de constituer des batteries de récupération personnelle, ces expériences de maîtrise et de contrôle renforcent notre sentiment de compétence et d'autonomie. Lorsqu'elles sont pratiquées avec des personnes avec lesquelles nous aimons partager des moments, notre besoin de relation est également satisfait, renforçant ainsi notre bien-être global.

Nous vivons malheureusement dans une société où les temps de transport sont de plus en plus longs, les demandes, de plus en plus importantes et rapprochées. Toutes ces situations transforment le temps naturel en temps normé et diminuent de manière symptomatique la qualité et la quantité de ces moments de récupération. Par ailleurs, la normalisation des nouvelles technologies et des réseaux sociaux comme sources de divertissement et moyens de communication entraîne une sur-sollicitation de l'esprit, réduisant à peau de chagrin nos périodes de ressourcement. L'explosion des lieux de retraite, les stages de méditation et les livres sur la zénitude sont autant de signaux de l'écart entre nos besoins de récupération et la configuration épuisante dans laquelle nous évoluons au quotidien, en particulier dans les grandes agglomération

IV. Conséquences de la motivation autonome au niveau personnel et organisationnel

Les différentes études menées au niveau mondial, depuis quarante ans, dans les domaines du sport, du travail, de l'éducation et de la santé attestent du lien solide entre motivation autonome et fonctionnement optimal des individus, et du rapport entre motivation contrôlée et instabilité psychologique. Les recherches sur la motivation au travail[20] ont également révélé des conséquences positives pour l'organisation.

Ainsi, au niveau personnel, la motivation autonome est positivement reliée à l'estime de soi, à une plus grande satisfaction de vie, ainsi qu'à la vigueur et au bien-être subjectif. Sorte de « bouclier protecteur » contre la détresse psychologique et l'anxiété, elle renforce la santé mentale et les capacités d'adaptation face aux aléas de la vie. Depuis les années 2000, une attention particulière a été portée sur le lien entre motivation au travail et épuisement professionnel (burn-out). Le burn-out peut se définir comme « un état qui se manifeste par un épuisement émotionnel ou physique, par une réduction de la productivité au travail et par un sentiment de dépersonnalisation, en réponse à un stress excessif et/ou continu au travail[21] ». Les études menées depuis un quart de siècle rapportent que les motivations autodéterminées ont un effet protecteur contre l'épuisement professionnel et émotionnel, et les phénomènes de dépersonnalisation,

20. Citons Deci, Edward, Olafsen, Anja et Ryan, Richard, « Self-Determination Theory in Work Organizations : The State of a Science », *Annual Review of Organizational Psychology and Organizational Behavior*, mars 2017, vol. IV, p. 19-43 ; et les articles de Grant, Adam *et al.* de 2008, « Does Intrinsic Motivation Fuel the Prosocial Fire ? », et de 2010, « The Necessity of Others is the Mother of Invention : Intrinsic and Prosocial Motivations, Perspective Taking, and Creativity », disponibles en ligne.

21. Paquet, Carbonneau et Vallerand, 2016, p. 238.

contrairement aux motivations contrôlées, qui sont associées à des symptômes d'épuisement et de stress.

En matière de productivité, la motivation autonome conduit à une performance accrue, particulièrement pour les tâches qui requièrent de la créativité, de l'adaptation cognitive et des compétences conceptuelles. Plus précisément, la motivation intrinsèque est celle qui produit le plus de performances pour des tâches intéressantes par nature. Pour les tâches moins passionnantes, mais nécessitant attention et discipline, la motivation autonome reste plus effective que la motivation contrôlée, les personnes n'ayant pas un sentiment de contrainte. N'étant pas dépendants de récompenses externes ou de l'approbation d'autrui, les individus motivés de manière autonome présentent également de plus grandes facultés d'adaptation et d'interaction. Ceci se traduit par une capacité à dépasser les préjugés, à faire preuve de tolérance envers l'autre et face à l'échec, ainsi qu'à adopter des comportements prosociaux.

Enfin, au niveau organisationnel, comme le souligne la chercheuse en comportement organisationnel Marylène Gagné[22], la motivation autonome joue un rôle majeur dans l'*engagement*, la *persévérance* et le *sentiment d'appartenance*. Lorsque l'organisation soutient les besoins fondamentaux, les individus ressentent une satisfaction accrue dans leur travail, y compris pour les tâches inintéressantes, et ont une confiance plus élevée en leur hiérarchie et dans l'organisation. Cette confiance encourage l'acceptation du changement, renforce l'attachement à l'entreprise, diminuant ainsi significativement turnover et absentéisme.

22. Thibault Landry, Anaïs, Gagné, Marylène *et al.*, « The Relation Between Financial Incentives, Motivation, and Performance : An Integrative SDT-Based Investigation », dans *Journal of Personnel Psychology*, vol. XVI, n° 2, 2017, p. 61-76.

Le schéma 12 résume l'ensemble des facteurs influençant la nature motivationnelle vis-à-vis d'une tâche et au niveau général.

Schéma 12 : L'impact des Facteurs externes et internes sur le type de motivation

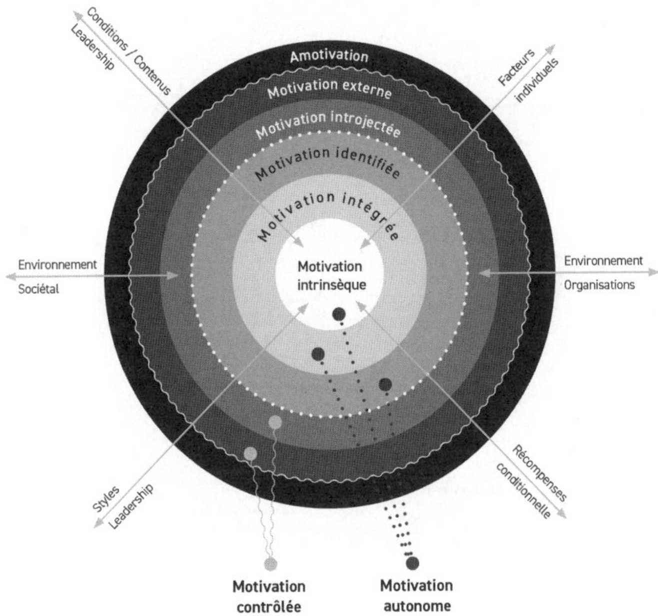

Chapitre 3

Buts et valeurs intrinsèques : piliers de l'épanouissement

Qu'est-ce qui motive certaines personnes à donner de leur temps à des œuvres caritatives ou à se former en permanence à de nouvelles activités, quand d'autres sont enchaînées à leur bureau, quitte à divorcer ou à ne pas voir leurs enfants grandir ? Après quoi courent les personnes qui veulent éternellement rester jeunes, en s'injectant diverses substances toxiques, quand d'autres s'épanouissent sur le chemin de la vie et s'acceptent avec leurs qualités et leurs défauts ? *Quid* des individus prêts à tout pour une promotion, quand certains se concentrent simplement sur le travail bien fait ?

De toute évidence, notre système de valeurs et les buts que nous poursuivons guident nos décisions et nos comportements au quotidien, impactant notre bien-être psychologique.

I. Système des valeurs et choix de vie[1]

Les valeurs sont des représentations abstraites[2] de ce qu'une personne juge désirable. Ces principes directeurs, relativement stables dans le temps, organisent nos attitudes, nos comportements et nos émotions, et nous orientent vers des situations que nous jugeons plaisantes. Elles fonctionnent en interaction avec les buts davantage orientés vers l'action et la concrétisation de ce que nous souhaitons. Cet ensemble (valeurs et buts) sert d'étalon, de critère de sélection ou d'évaluation (souvent inconscient) de nos actions et de nos comportements.

Certaines valeurs, tels l'universalisme et la bienveillance, sont complémentaires ; d'autres sont antinomiques, comme l'autonomie et la conformité. Elles varient en fonction des individus, se renforcent ou s'estompent en fonction du contexte socioculturel dans lequel nous évoluons, de nos expériences de vie et de notre personnalité profonde.

Tout au long de notre vie, nous intégrons différentes valeurs, parfois complémentaires, parfois potentiellement contradictoires, qui forment un tout interconnecté et organisé en un ensemble cohérent que l'on nomme « système de valeurs ».

Ainsi, comprendre le choix de carrière d'une personne, demande de connaître l'importance d'une série de valeurs pertinentes par rapport à sa décision. Imaginons qu'elle accorde de l'importance aux valeurs de *bienveillance*, de *sécurité*, d'*autonomie* et de *stimulation*. Elle intègre une organisation qui lui offre un salaire confortable et lui laisse suffisamment de liberté pour s'organiser dans des missions « challengeantes ».

---

1. Pour une revue complète Gatti, Fabrice, *L'autruche et le curieux*, Paris, Enrick B. Éditions, 2023, p. 180 et suiv.

2. Le psychologue Shalom Schwartz a développé une théorie qui comporte 56 valeurs de bases réparties en 10 groupes : autonomie, universalisme, bienveillance, tradition, conformité, sécurité, pouvoir, réussite, hédonisme, stimulation.

Les valeurs de sécurité, d'autonomie et de stimulation constitueront des principes directeurs (souvent inconscients) qui la guideront pour accepter ou non l'emploi proposé.

Imaginons que cette même société glorifie la réussite individuelle, notamment en attribuant des récompenses contingentes (bonus sur objectif, primes quantitatives...) ou en ne favorisant pas la collaboration. Ce contexte se révélera antinomique avec la valeur de bienveillance. En fonction de l'expérience et du moment de vie, certains individus pourraient refouler une ou plusieurs valeurs importantes pour eux (ici, la bienveillance) pour s'adapter à la culture de l'entreprise.

Sur la base des travaux du psychologue social Shalom Schwartz, la théorie de l'autodétermination[3] a étudié l'impact des valeurs sur le développement des individus en les classant selon leur caractère intrinsèque ou extrinsèque. Les résultats de ces travaux ont montré que les valeurs de *stimulation,* d'*autonomie,* de *bienveillance,* d'*universalisme* et de *sécurité* étaient de nature intrinsèque, car satisfaisant nos besoins psychologiques fondamentaux. En revanche, les valeurs de *pouvoir,* de *conformité,* de *tradition* et de *réussite,* se rapportant aux statuts des individus et à l'approbation sociale, sont considérées comme extrinsèques.

Donald Trump ou Carlos Ghosn sont des exemples de comportements cohérents avec un système de valeurs principalement (pour ne pas dire exclusivement) extrinsèques. À l'inverse, Mère Teresa et Albert Einstein illustrent des comportements conformes à des valeurs intrinsèques.

3. Pour une revue complète, cf. Kasser, Tim et Ryan, Richard, « Further Examining the American Dream : Differential Correlates of Intrinsic and Extrinsic Goals », dans *Personality and Social Psychology Bulletin,* vol. XXII, n° 3, 1996, p. 280-287, et Grouzet, Frederick *et al.*, « The Structure of Goal Contents Across 15 Cultures », *Journal of Personality and Social Psychology,* vol. LXXXIX, n° 5, déc. 2005, p. 800-816.

L'environnement influençant nos choix, les encadrants (parents, professeurs, managers) sont en partie responsables des valeurs que nous considérons comme importantes et des comportements qui en découlent.

Or, nous le verrons, les messages véhiculés par la société moderne, et relayés avec force par des médias en quête d'audience, ne laissent que peu de place aux valeurs intrinsèques. Cernés par ces messages faisant l'apologie des valeurs extrinsèques, beaucoup succombent au chant individualiste et consumériste des sirènes. La poursuite de ces chimères fragilise notre édifice psychologique autant qu'elles participent à créer un monde violent, la hausse des harcèlements moraux au travail et la multiplication des burn-out en étant des exemples concrets.

II. l'influence du contenu des buts sur l'épanouissement

Les buts intrinsèques se rapportent à l'ensemble des aspirations liées à la croissance personnelle, au développement de relations personnelles profondes, ainsi qu'à l'engagement dans le bien-être de la communauté. « Correspondant aux intérêts ou aux valeurs profondes des individus et soutenus par une motivation autonome[4] », ils sont positivement associés au bien-être psychologique (comme la vitalité, le plaisir, l'estime de soi, la satisfaction de vie), à un sentiment de réalisation personnelle et, négativement, à certains sentiments (comme l'anxiété, le doute sur ses capacités ou une faible estime de soi).

Les buts extrinsèques regroupent les objectifs se rapportant à la réussite financière (richesse), à la reconnaissance sociale (pouvoir) ainsi qu'à l'image de soi (beauté). Compensatoires par nature, ils ne satisfont pas (ou

4. Paquet, Carbonneau et Vallerand, 2016, p. 163.

partiellement) nos besoins fondamentaux et sont associés à des facteurs externes d'approbation.

L'une des caractéristiques d'un but extrinsèque est d'être sans fin. Non seulement les individus vivent dans l'angoisse de ne pas réussir, mais son atteinte éventuelle ne procure qu'une satisfaction éphémère, conduisant à la fixation de nouveaux buts compensatoires, prédictifs d'anxiété chronique et d'instabilité psychologique.

L'homme est ainsi fait que, lorsqu'il est placé dans un environnement antinomique avec la poursuite de buts intrinsèques, il peut être tenté de s'orienter vers des aspirations plus superficielles. Ces aspirations constituent une façade déconnectée de notre personnalité réelle. Notre valeur et notre estime de nous-mêmes ne dépendent plus de critères internes objectifs, tels que le progrès, le plaisir et le développement personnel, tuteurs nécessaires de la construction d'une personnalité solide, mais de critères extérieurs et subjectifs, tels le regard de l'autre, la recherche d'admiration, la comparaison, peu compatibles avec un développement congruent.

La psychanalyste suisse Alice Miller explique ce phénomène sous la forme d'un rapport dépression/grandiosité. « L'individu "grandiose" est admiré en tous lieux, et il a besoin de cette admiration, il ne peut vivre sans elle. Tout ce qu'il entreprend, il lui faut le réussir brillamment – et du reste il en est capable (autrement il ne s'y lancerait pas). Il s'admire lui-même pour ses qualités : pour sa beauté, son intelligence, son talent, ses succès et ses performances. Mais malheur si l'un de ses avantages vient à lui faire défaut : la catastrophe, sous forme d'une sévère dépression, est alors imminente[5]. »

5. Miller, Alice, *Le drame de l'enfant doué*, Paris, PUF, coll. « Quadrige », 2013, p. 6.

À l'inverse, les gens à l'estime de soi authentique se remarquent et se démarquent. Ils sont apaisés et enracinés dans l'instant. Ils avancent sur le chemin de la vie sans se préoccuper du regard de l'autre. « Au fond, l'individu sain suscite l'envie parce qu'il n'a pas besoin de s'efforcer continuellement d'être admirable, parce qu'il n'a pas à chercher à paraître comme ceci ou comme cela, mais peut tout tranquillement se permettre d'être comme il est. Le "grandiose" n'est jamais réellement libre, car il est constamment dépendant de l'admiration des autres, et parce que cette admiration est liée à des qualités, des fonctions, des performances qui peuvent brutalement s'écrouler[6]. »

F. : Que faites-vous ?

I. : Je lis et cela résonne. Je trouve que…

D., par l'ouverture de la porte : *Ilda, dépêchez-vous, il y a encore dix patients à traiter. N'oubliez pas : pas plus de trois minutes pour le changement des bas de contention et pas plus de cinq minutes pour donner le repas !*

I., après un instant d'hésitation : *Euh… Oui, docteur.*

D. : Et l'idéaliste, là, pourquoi il n'est pas transféré ?

F. : Dans un effluve de parfum bon marché, ébranlée par ces lignes, notre chère infirmière s'en va accomplir, malgré son trouble, sa tâche déshumanisée auprès de patients en mal d'amour.

III. Qualité de l'environnement et aspirations

Les valeurs qui nous guident et les buts que nous nous fixons dépendent de la manière dont notre personnalité peut s'exprimer. Lorsque l'environnement le permet, nous avons tendance à construire et à affiner en permanence notre perception intérieure et du monde qui nous entoure

6. Miller, 2013, p. 36.

pour une plus grande cohérence. Le désir de développer une image intégrée du soi est donc un aspect central de notre identité. Cependant, le degré d'internalisation (intégration ou introjection) des valeurs et le choix des buts que nous poursuivons sont influencés par un ensemble de facteurs individuels et contextuels.

Durant les premières années de vie, le rôle parental est déterminant dans l'internalisation des valeurs et l'orientation des enfants. L'utilisation de l'amour contingent et de l'estime conditionnée est l'une des formes les plus contrôlantes de l'environnement, forçant les enfants (puis les adultes) à renoncer à leur autonomie pour conserver l'amour de personnes qu'ils considèrent comme importantes. Une étude longue de quatorze ans a montré que les adolescents qui se focalisent sur des buts extrinsèques ont majoritairement des parents contrôlants et froids sur le plan relationnel.

Il est de notre devoir premier, en tant que parents, de satisfaire les besoins fondamentaux de nos enfants. Comme le soulignent Deci et Flaste[7], « en fait, notre travail va au-delà de simplement les encourager à faire ces activités, c'est un plus grand défi que cela. Le vrai travail implique de faciliter le fait qu'ils fassent les activités de leur plein gré, de leur propre initiative, de telle sorte qu'ils continuent de faire les activités librement à l'avenir lorsque nous ne sommes plus là pour les encourager ». En matière de management, le schéma est similaire : il s'agit de soutenir les collaborateurs pour les aider à prendre la responsabilité de leurs actions.

L'influence de la culture d'une entreprise, de la philosophie d'une association ou d'un club est souvent minimisée. Pourtant, elle joue un rôle essentiel dans le choix des buts

7. Deci, Edward et Flaste, Richard, *Why We Do What We Do: Understanding Self- Motivation*, Londres, Penguin Books, 1996. Version française : *Pourquoi faisons-nous ce que nous faisons ? Motivation, auto-détermination et autonomie*, Paris, Interéditions, 2018.

que nous poursuivons et de nos comportements individualistes ou altruistes. Lorsqu'un environnement contrôlant au niveau familial se retrouve au niveau institutionnel ou sociétal s'ensuit une pente dangereuse qui conduit à la recherche généralisée de buts extrinsèques.

Que peut-on dire de notre monde actuel ? La société occidentale est fondée sur des principes capitalistes, dont l'une des caractéristiques est la production de richesses. Comme la plupart des systèmes, le capitalisme présente des avantages de ses inconvénients.

Cependant, depuis une cinquantaine d'années, la transformation du capitalisme en néolibéralisme débridé a changé les règles du jeu. L'individualisme « vertueux » des XVIIIe et XIXe siècles a cédé la place à « une aspiration égocentrique à s'affranchir de la conscience collective et à donner la priorité au "chacun pour soi". Elle encourage l'individu à faire tout ce que lui dictent ses désirs et ses impulsions immédiates au mépris des autres et de sa responsabilité vis-à-vis de la société[8] ».

La révolution des mœurs des années 1960 ne s'est pas traduite par un changement profond de la société moderne vers plus d'ouverture et d'altruisme. Au contraire, elle a vu le renforcement à outrance d'un individualisme « narcissique » (*Welcome back, Mister Gordon Gekko*[9] *!*), délesté cette fois des grands idéaux des deux siècles précédents.

Bien que des courants économiques alternatifs, comme les B Corporations, gagnent du terrain, la majorité des dirigeants économiques et politiques nous exhortent à toujours plus de consommation afin d'alimenter un système déréglé, dont les vagues de soldes permanentes, de promotions et de ventes privées de nos magasins préférés représentent la face

8. Ricard, Matthieu, *Plaidoyer pour l'altruisme*, Paris, Nil, 2013, p. 316.
9. Personnage principal du film *Wall Street* d'Oliver Stone (1987).

visible d'un iceberg bien attaqué par « la surchauffe climatique ».

D. : J'en ai assez entendu, la coupe est pleine. Je vais faire la piqûre moi-même avant que vous ne contaminiez tout l'étage avec vos discours.

F. : Non, laissez-moi !

I., enfonçant l'aiguille dans le bras… du bon docteur *: Là, le chef va faire dodo, et vous, continuez votre démonstration.*

F. : Mais…

I. : Allez.

Les réseaux sociaux, en grande partie consacrés à notre autopromotion, renforcent cette spirale infernale de la superficialité. Cette pente narcissique, véritable « fléau moderne », asphyxie notre santé mentale autant que notre capacité à relever des défis ou à construire des relations profondes. Ce complexe de supériorité, dont découlent la compétition, la comparaison et l'impatience, fragilise l'individu dans son entièreté et laisse l'ego et l'estime conditionnée s'emparer de nos corps et de nos âmes martyrisés.

Par ailleurs, l'augmentation constante du taux de suicides et de tentatives de suicide est un indice évident de l'asphyxie de notre système. En 2014, un rapport exhaustif de l'OMS dénombrait 800 000 suicides par an dans le monde. Les tentatives de suicide seraient, quant à elles, vingt fois plus nombreuses, la violence et la solitude étant des facteurs majeurs du passage à l'acte. Le suicide serait la deuxième cause de mortalité chez les jeunes de 15 à 29 ans aux États-Unis – base de l'Empire C4.

C'est parce que notre tâche, en tant que parents, managers ou entraîneurs, est de plus en plus difficile, dans cet environnement « toxique », que notre rôle devient plus déterminant que jamais.

En outre, le retour en grâce des philosophies asiatiques, le développement d'une consommation responsable et la multiplication d'initiatives de jeunes et de moins jeunes, partant faire le tour du monde ou s'engageant dans des missions humanitaires, sont les signes d'un « rejet » de cet univers matérialiste par une frange de la population.

Enfin, l'enjeu planétaire, de plus en plus pressant, peut constituer un potentiel favorable pour accélérer cette transition nécessaire et reféconder les organisations vers un fonctionnement plus propice aux individus et au monde qui nous entoure.

PARTIE III

C.R.A.F.T. : LIBÉRER LES TENSIONS ET RESTAURER MOTIVATION, SANTÉ ET PERFORMANCE AU TRAVAIL

« Ce n'est pas seulement la crise de l'État hyper-bureaucratique et parasité par des lobbies, ce n'est pas seulement la crise d'une société dominée par le pouvoir omniprésent du profit, pas seulement une crise de civilisation, pas seulement une crise de l'humanisme ; c'est aussi une crise plus radicale et aussi plus occultée : une crise de la pensée. »

Edgar Morin[1]

1. Morin, Edgar, *Réveillons-nous !* Paris, Denoël, 2022, p. 31.

La première partie a montré que la recherche permanente de l'efficacité, l'illusion de la croissance infinie et l'asservissement des collaborateurs à la toute-puissance des normes ne sont ni adaptés à la réalité du monde moderne ni favorables à notre nature humaine. Cette philosophie, contradictoire avec l'engagement des salariés, érode également les capacités d'adaptation des organisations et affaiblit leur pérennité même[1].

La deuxième partie a étudié les notions de motivation, de valeurs et de buts, ainsi que l'influence d'une configuration (« autonomisante » *vs* contrôlante) sur nos comportements, nos décisions et notre personnalité profonde.

Avec C.R.A.F.T.[2], la troisième partie dessine un chemin possible pour retisser le lien entre les enjeux des entreprises et les besoins des individus. Cette voie n'est ni certaine ni la seule possible. En m'appuyant sur les travaux des diverses

1. Dans son article du *Wall Street Journal* de novembre 2011, « A Caveman Won't Beat a Salesman », la journaliste Peggy Noonan montre qu'il y a cinquante ans, une compagnie du Fortune 500 avait une espérance de vie de soixante-quinze ans. Aujourd'hui, cette espérance ne dépasse pas quinze ans. La raison principale est que la recherche permanente d'efficacité brise tout esprit d'initiative et d'innovation, ce qui fragilise les fondamentaux des entreprises.

2. Rappel : *craft* signifie « habileté », « art » ; C : compétence ; R : relation ; A : autonomie ; F : finalité et *frame* (« cadre ») ; T : talent.

sciences sociales et humaines, j'espère avoir évité la pente d'une pensée dogmatique, par essence contre-productive, pour proposer une approche utile à la refécondation des organisations et au ressourcement des individus.

Quelques précautions d'usage

Si voguer sur le fleuve de la nouveauté peut paraître grisant, les voyages, surtout ceux remettant en cause les pensées dominantes, nécessitent des préparatifs minutieux pour assurer une traversée sereine.

Le premier préalable demande de sortir du modèle de pensée logique et mécaniste de l'Empire C4 pour embrasser une vision complexe et systémique du monde. Cela implique de délaisser les schémas linéaires et déductifs, de renoncer à l'illusion de la maîtrise et du contrôle pour accepter l'incertitude de toute situation, en s'extrayant « de la soumission conformiste aux protocoles et aux modes d'emploi qui ne respectent pas l'expérience du terrain, et ne font pas confiance au potentiel humain[3] ».

Un second préalable indispensable est d'adopter une vision positive de la nature humaine. Ressourcer la pensée et les pratiques repose sur un facteur X, *l'humanisme*[4] , qui ne s'apprend ni à l'université ni dans les grandes écoles technocratiques. Quel que soit notre avis sur le sujet, l'écart entre le succès et l'échec (surtout dans des moments à

---

3. Gori, Roland, *La fabrique des imposteurs*, Paris, Les liens qui libèrent, 2013, p. 38.

4. Mouvement intellectuel qui naît en Europe, à la Renaissance. Renouant avec la civilisation gréco-latine, il manifeste un appétit critique de savoir, visant l'épanouissement de l'homme, rendu ainsi plus humain par la culture. Citons, par exemple, Pétrarque, F. Rabelais, T. More, M. de Montaigne et C. Rogers.

enjeux) repose sur la capacité d'action et de collaboration des êtres humains, et non sur le respect de règles ou de procédures. La majorité des organisations régies par ces pratiques tayloristes (partie de gauche du schéma 13) ne favorisent ni la coopération ni la motivation autonome. En effet, « cette déshumanisation de l'individu "atomisé" par des machines algorithmiques et les langages abstraits et standardisés des expertises conduit à un rétrécissement des expériences, à une rationalisation institutionnalisée des moments de l'existence vécus comme des chocs successifs[5] ».

Schéma 13 : Rôle de la vision de la nature humaine et de l'environnement sur les comportements des collaborateurs

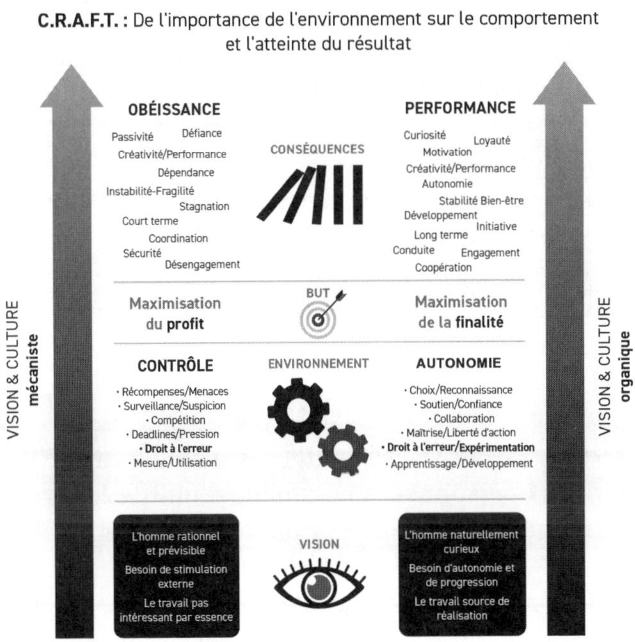

5. Gori, Roland, 2023, p. 12.

Proposer des solutions utiles prend également appui sur un troisième préalable indispensable : acquérir une *connaissance élaborée* des situations. Tout comme un chirurgien ne peut opérer sans un diagnostic fiable, une organisation ne peut faire fi d'un examen complet de ses modes de fonctionnement. Les outils sociologiques, tels les entretiens, les questionnaires et l'observation du terrain, permettent d'étudier avec justesse la culture d'entreprise, les pratiques managériales, les jeux de pouvoir, ainsi que leurs conséquences sur la dynamique individuelle et collective. Dans nos interventions, nous questionnons systématiquement les acteurs de l'entreprise pour comprendre les enjeux, corréler les indices recueillis, afin d'évaluer les antagonismes potentiels ou réels entre solutions proposées, personnalité du dirigeant et pratiques organisationnelles.

Ce recueil d'informations permet d'obtenir une perspective précise de la réalité d'entreprise et d'éviter l'implantation de solutions contre-productives.

Lorsque les trois préalables (pensée complexe, vision positive de l'être humain et connaissance élaborée) sont réunis, nous pouvons implanter l'approche C.R.A.F.T., consistant à créer un environnement :

- soutenant de manière récurrente les besoins psychologiques individuels de compétence, de relation et d'autonomie (CRA) ;
- s'appuyant sur une finalité porteuse de sens et un *framework*[6] sécurisé et évolutif sur le long terme (F) ;
- offrant aux personnes la possibilité d'utiliser leurs facultés naturelles au quotidien pour produire du talent (T).

Le choix de cet acronyme n'est pas un hasard, car c'est bien d'habileté dont les dirigeants et les managers doivent

6. « Cadre de travail » en anglais.

faire preuve pour installer un cadre favorable au niveau individuel, collectif et organisationnel. Basée sur l'observation du réel, C.R.A.F.T. doit être abordée comme une série de principes guidant nos choix et nos décisions, et non comme une méthode standard duplicable à l'infini.

Chapitre I

La compétence : socle de l'action

« L'esprit humain est génératif, créatif, proactif et réflexif et pas seulement réactif. »

Albert Bandura[1]

Que ce soit lors d'un examen scolaire, d'une présentation importante ou d'un concert de musique, nous avons tous ressenti, au moins une fois dans notre vie, cette sensation d'être au sommet de nos capacités, convaincus que rien ne peut nous arriver tant nous maîtrisons notre sujet. En revanche, nous avons également vécu ces moments de stress où, nous estimant incompétents, inférieurs à un collègue ou à un concurrent, nous avons douté de nos capacités. Ces différents ressentis et les comportements qui s'y rapportent, tout à fait normaux, sont fortement liés au sentiment de compétence, qui traduit le besoin de « se sentir qualifiés et efficaces dans les activités que nous entreprenons[2] ».

1. Bandura, Albert, « Social Cognitive Theory : An Agentic Perspective », *Annual Review Psychology*, vol. LII, n° 1, fév. 2001, p. 1-26.
2. Paquet, Carbonneau et Vallerand, 2016, p. 212.

I. Enquête au cœur de la compétence

Ce besoin de compétence fait référence au sentiment de maîtrise dans les actions et interactions avec l'environnement, et, en filigrane, avec une perspective de progression. Il s'agit d'une recette subtile composée de divers ingrédients, dont le dosage est essentiel pour produire des effets optimums.

En 1959, le psychologue Robert White, dans son article « Motivation Reconsidered : The Concept of Competence[3] », établit un lien entre compétence et motivation intrinsèque. Selon lui, les individus ont un tel besoin de se sentir efficaces, lorsqu'ils interagissent avec leur environnement, que la compétence est un besoin psychologique fondamental. De nombreux auteurs[4] ont depuis posé le principe selon lequel la croyance d'un individu en sa capacité à atteindre un résultat et à progresser constitue un déterminant important de la persistance dans l'action, de la confiance en soi et de la santé psychologique.

Ce sentiment se construit de la petite enfance à l'âge adulte, influencé par l'environnement (parents, professeurs, culture, etc.) et les expériences vécues. Cette interaction est bidirectionnelle : des défis intéressants et atteignables, proposés par les parents et les professeurs, suscitent la curiosité et encouragent l'exploration. Cela favorise une motivation autonome et l'intégration d'informations et de nouveaux comportements, qui accélèrent le développement intellectuel des enfants et renforcent leur sentiment d'efficacité. En parallèle, les enfants qui montrent de la curiosité et s'intéressent à ces activités stimulent l'implication (la responsivité) des parents et des éducateurs.

---

3. White, 1959.

4. Citons, notamment, Bandura, Pajares, Carver, Scheier, Deci et Ryan.

Le sentiment de compétence est un nutriment essentiel de la dynamique des individus. Notre capacité à agir et à persévérer sur le long terme dépend de la corrélation que nous établissons entre comportements à produire et objectifs à atteindre. Si une personne ne croit pas que ses actions produiront les résultats souhaités, elle ne sera pas motivée à agir ou à persévérer face aux difficultés. Selon Albert Bandura, les actions et les choix sont guidés par la croyance fondamentale en notre pouvoir d'influer sur l'environnement. Pour ce chercheur de l'université Stanford, père de la théorie sociale et cognitive, le sentiment d'efficacité personnelle[5] constituerait même le facteur clé de toute action humaine et, par extension, de la pérennité d'un système.

À ce sujet, l'absence de liens entre comportements et résultats expliquerait, en partie, la chute du système communiste. Edward Deci, consultant pour le Conseil des ministres bulgares, au moment du démantèlement de l'Union soviétique, constate une profonde démotivation chez les citoyens. « La société dans son ensemble semblait déprimée. Les individus faisaient ce qu'ils avaient à faire pour éviter d'avoir des ennuis bien sûr, mais la plupart d'entre eux n'avaient pas d'implication constructive visant à faire fructifier la nation[6] ».

Dans ses dernières années, le communisme, incompatible avec tout sentiment de compétence, a généré un système « sans vie ». Les résultats tels que le plaisir de travailler (motivation intrinsèque), l'ascension sociale, les salaires attractifs et les risques de licenciement (différentes formes de motivation contrôlée) n'étant pas directement liés à leurs comportements, les personnes ne voyaient aucun intérêt à agir et étaient devenues amotivées.

---

5. Dans le cadre de mes propos, j'emploierai indifféremment « sentiment de compétence » et « sentiment d'efficacité personnelle », bien que ces concepts appartiennent à deux théories différentes.

6. Deci et Flaste, 2018, p. 57.

Dans les pays occidentaux, les individus voient encore majoritairement un lien entre leurs comportements et le résultat qu'ils produisent. Les systèmes reposent largement sur des motivateurs externes (salaire, bonus, promotion...), qui stimulent (pour combien de temps ?) une forme d'engagement. Ainsi, nombre d'enfants, voyant le rapport entre études, bonnes notes et intégration d'une école supérieure, sont majoritairement « motiver » à étudier. De même, un collaborateur dans une entreprise méritocratique sera plus motivé que celui qui ne voit pas de lien.

Un problème majeur du système néolibéral est l'écart croissant entre l'*American dream* vendu dans les médias (qui ne profite qu'à un petit nombre) et la réalité vécue par la majorité, qui perçoit de moins en moins de liens entre comportements et résultats promis. Au niveau sociétal, comme le souligne Joseph Stiglitz dans son ouvrage *Le prix de l'inégalité*, cet écart croissant entre riches et pauvres devient intolérable et contre-productif si, année après année, il appauvrit plus d'individus. Cette dérive inégalitaire, exacerbée depuis vingt ans et entamée au début des années 1980, n'est pas seulement inefficace et instable, mais aussi fondamentalement injuste.

À un niveau moins visible, cet écart entre promesse du système capitaliste et réalité vécue par les individus explique en grande partie le désengagement de plus en prononcé des collaborateurs au niveau professionnel, et la généralisation des burn-out et des dépressions dans les pays occidentaux.

II. L'interaction permanente de nos comportements, de nos croyances et de l'environnement

Le sentiment de compétence s'appuie en partie sur les aptitudes réelles, mais surtout sur *la croyance* en ce que les individus peuvent accomplir dans différentes situations. « La nature humaine est en partie gouvernée par le choix qu'on fait des valeurs et des normes d'évaluation personnelle. C'est cette ressource interne d'évaluation et de guidage qui donne aux individus un sens à leur vie et c'est de là également que découle la satisfaction de ce qu'ils font[7]. » L'*agentivité*[8] pose pour principe directeur cette capacité humaine à influer intentionnellement sur le cours de sa vie et de ses actions. Contrairement aux thèses comportementalistes, nous ne sommes pas passifs, répondant uniquement à des stimuli externes, mais des agents actifs, anticipant, contrôlant et régulant nos actions et nos comportements. Ainsi, nous utilisons au quotidien nos systèmes sensoriels, cérébraux et moteurs pour accomplir des tâches, et atteindre des buts qui donnent un sens à nos vies et nous apportent de la satisfaction personnelle.

Pour autant, nos actions ne dépendent pas uniquement de nos seules intentions. Elles résultent de l'interaction permanente entre notre environnement, nos caractéristiques personnelles et nos comportements, chaque évolution d'une dimension entraînant des conséquences comportementales qui modifient le système d'interaction.

---

7. Bandura, Albert, « Le hasard peut jouer un rôle-clé dans la vie, déclare le psychologue », trad. Compte, Carmen, dans *Savoirs* (hors série), n° 5, 2004, p. 161-167.

8. Bandura, Albert, *Social Foundations of Thought and Action : A Social Cognitive Theory*, Englewood Cliffs, Prentice-Hall, 1986.

Le schéma ci-dessous montre ce lien entre sentiment d'efficacité, qualité du contexte, et effets psychosociaux et émotionnels.

Schéma 14 : Sentiment d'efficacité personnelle (SEP) et attentes environnementales

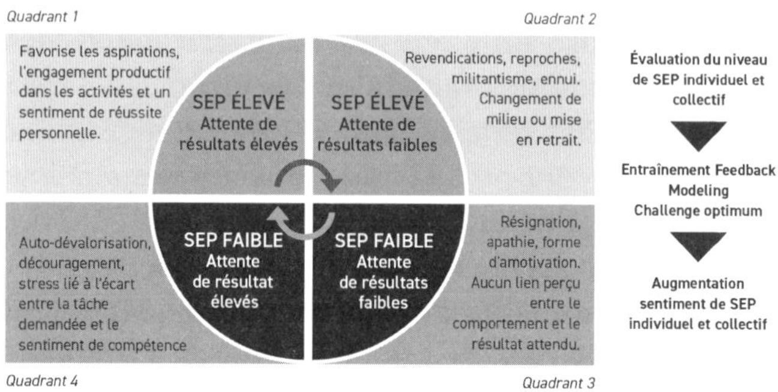

Quadrant 1 : cette combinaison, qui favorise la fixation d'objectifs ambitieux, de comportements engagés et productifs, entraîne satisfaction personnelle et bien-être psychologique. On retrouve cette relation, par exemple, dans les équipes de sport aux ambitions élevées et dans lesquelles évoluent des sportifs avec un haut niveau de compétence (citons les Chicago Bulls de l'ère Jordan au basket, le Stade toulousain au rugby, ou Red Bull en Formule 1).

Quadrant 2 : un individu au sentiment d'efficacité personnel élevé, se retrouvant dans un milieu aux attentes de résultats faibles, changera de milieu pour retrouver un environnement favorable ou intensifiera ses efforts dans le but de modifier le système. Au niveau social, cette combinatoire est propice à l'émergence de leaders, œuvrant pour un monde plus juste, à l'instar de Nelson Mandela ou du mahatma Gandhi.

Quadrant 3 : lorsque l'individu ne voit pas de lien entre son comportement et le résultat attendu, ou que l'objectif n'est pas stimulant, il peut manifester une amotivation au sens de la théorie de l'autodétermination. Cette forme d'apathie générale conduit, au niveau individuel, à la désocialisation, et au niveau organisationnel, à la mort de systèmes économiques ou politiques.

Quadrant 4 : la société actuelle, centrée sur l'hypertrophie identitaire et l'immédiateté des résultats, et caractérisée par une concurrence exacerbée, engendre des paradoxes peu compatibles avec le développement d'un haut niveau de compétence. De surcroît, ces environnements violents génèrent des conséquences dramatiques au niveau psychologique (auto-dévalorisation, stress chronique, burn-out, suicide).

III. Développer le sentiment de compétence

Assurer une croissance optimale repose en partie sur la capacité du contexte à renforcer notre sentiment de compétence. La manière la plus effective de le construire passe par *des expériences actives de maîtrise*, la réussite renforçant une solide croyance dans nos capacités. Cependant, toutes les formes de « victoires » ne sont pas bénéfiques. Les succès faciles peuvent entraîner des attentes de résultats rapides, provoquer des renoncements face aux difficultés et nous décourager face aux échecs. Un sentiment de compétence robuste et stable dans le temps se construit sur des expériences exigeant des efforts pour surmonter les obstacles, y compris des échecs ponctuels. De plus, sortir du jugement moral sur nos comportements pour nous concentrer de manière objective sur le processus de l'action, repérer ce qui fonctionne bien et moins bien, et évaluer le potentiel de l'environnement permet de reproduire les pratiques utiles et d'ajuster les moins favorables.

Un autre élément important est le rôle des *modèles sociaux*. Observer des personnes que nous considérons comme importantes et réussir grâce à leurs efforts soutenus montre un chemin possible pour atteindre nos objectifs et renforce notre croyance en nos capacités[9]. Ainsi, pour les entreprises, réintroduire le mentorat peut développer le sentiment de compétence des collaborateurs, sauvegarder des savoir-faire non documentés et promouvoir une culture du partage et de la transmission.

La *persuasion verbale* (interne ou externe), lorsqu'elle n'est pas trop éloignée de nos capacités réelles, sert également de point d'appui pour nous convaincre de notre capacité à produire l'effort nécessaire pour surmonter les obstacles et atteindre le résultat attendu. Attention, toutefois : il ne s'agit pas de louanges génériques, mais d'encouragements positifs basés sur l'observation des capacités réelles de la personne encouragée.

Enfin, la compréhension et la maîtrise de nos stresseurs émotionnels (tels l'enthousiasme, l'excitation, la peur, l'anxiété) peuvent faire une différence notable dans l'atteinte du résultat, que ce soit pour une médaille olympique ou un oral du baccalauréat. Le *contrôle de notre état émotionnel* s'avère central pour aborder le quotidien avec plus de sérénité et vivre pleinement les expériences rencontrées. En effet, les personnes avec un sens d'efficacité personnelle élevé percevront et interpréteront leurs réactions émotionnelles ou physiques (tels les tremblements, la gorge nouée) comme des signaux positifs pour ajuster

9. Un exemple de modèle social nous est fourni par le film *Invictus* de Clint Eastwood (2009) : François Pienaar, capitaine de l'équipe des Springboks d'Afrique du Sud, prend exemple sur Nelson Mandela pour gagner la Coupe du monde de rugby.

leurs comportements plutôt que des indices négatifs limitant leurs capacités. La méditation de pleine conscience, le soutien de proches ainsi que les accompagnements ponctuels (coach, psychologue...) peuvent infléchir favorablement la force de nos croyances.

Le renforcement du sentiment de compétence repose donc sur ce tressage entre actions de maîtrise, soutien des modèles sociaux, encouragements adaptés et contrôle de notre état émotionnel. Ce chemin prend du temps, mais s'avère important pour relever sereinement les défis de la vie.

IV. Quelques outils utiles

L'utilisation d'un outil doit être abordée avec précaution, car son efficacité dépend de l'environnement. Dans une configuration positive, il vient huiler les rouages de l'action collective et de la dynamique de groupe. Dans une configuration plus rigide, où la procédure et le contrôle priment sur l'humain et la confiance, il n'est, au mieux, qu'une bouée de sauvetage éphémère pour des équipes sous pression. Son utilité est réelle lorsqu'il soutient une démarche plus globale, intégrant changement de regard sur les autres, et travail sur soi et sur la qualité des interactions.

La roue présentée dans le schéma suivant montre la dynamique favorable à l'augmentation du sentiment de compétence. Elle repose également sur une orientation tournée vers la satisfaction de l'autonomie et de la relation, et sur la création d'un environnement propice à la croissance, tout en tenant compte de la culture de l'entreprise, des résultats à atteindre et de la maturité des collaborateurs.

Schéma 15 : facteurs et actions pour augmenter le sentiment de compétence

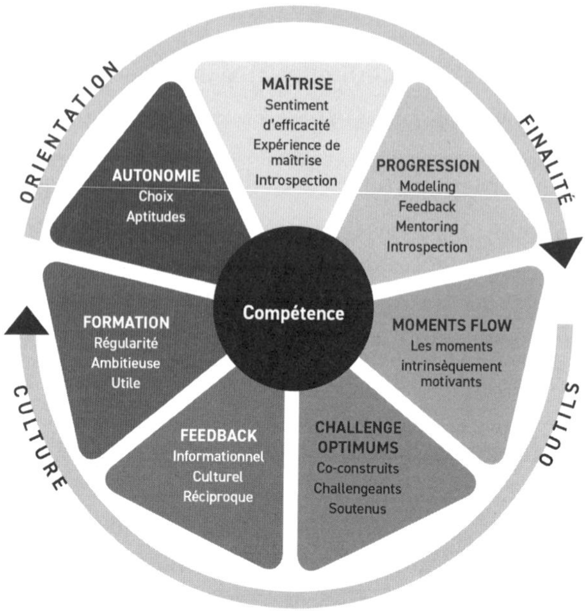

Dans ce monde de l'immédiateté et de l'idéal, trop d'organisations proposent des formations génériques sans les circonstancier à la réalité de l'entreprise et aux besoins des collaborateurs. Or, sauf à nier la spécificité de chaque être humain, division ou équipe, le contenu et le format des formations, séminaires et accompagnements devraient résulter d'un échange minutieux entre dirigeants, participants et intervenants extérieurs.

Les objectifs optimums

Nous nous mettons en mouvement lorsque nous anticipons un lien entre nos actions et le résultat à atteindre. La fixation d'objectifs est essentielle pour soutenir les sentiments de compétence et d'autonomie des individus, et assurer une motivation autonome durable. Les facteurs de renforcement de compétence qui réussissent structurent les situations pour atteindre le succès. En effet, des challenges trop élevés sont une source de stress et favorisent l'apparition d'une motivation contrôlée, quand des objectifs peu ambitieux génèrent désengagement et ennui. L'art en ce domaine repose sur la capacité de l'encadrement à :

- fixer des objectifs ambitieux et utiles pour l'entreprise ;
- créer un lien étroit avec les compétences et les ambitions du collaborateur ;
- soutenir inconditionnellement la personne dans l'atteinte de son but.

En fonctionnant ainsi, tout en tenant compte de l'évolution de sa vie personnelle et de ses aspirations, il devient possible de cofixer, d'année en année, des objectifs optimums, conformes aux capacités et à la situation des collaborateurs et de l'organisation, tout en élargissant le champ d'action pour ceux qui le souhaitent.

La plupart des individus suivent un processus de mise en action de type projection/fixation : en premier lieu, ils se motivent et guident leurs actions de manière anticipée par l'exercice de la projection mentale ; puis ils se fixent des objectifs pour atteindre les résultats escomptés et le futur désiré. Cependant, les personnes étant en partie le produit de leur environnement, il est impossible, voire dangereux de généraliser les « bons » objectifs et les « mauvais » défis, car ils dépendent de notre histoire personnelle, de la situation du moment et de la « densité » de notre sentiment de compétence. Apprendre aux individus à se concentrer sur le réel, à dépasser des situations bloquantes, à apprécier leurs capacités et à se détacher du jugement des autres est un travail sûr pour leur permettre de gagner en objectivité et ainsi de se fixer des objectifs favorables à leur développement.

Une abondante littérature a traité de l'importance et de la nature des objectifs, ainsi que de leurs processus sous-jacents. Certains experts distinguent les objectifs proximaux des objectifs distaux, d'autres, les objectifs de performance des objectifs d'apprentissage...

La philosophie stoïcienne recommande de mélanger les objectifs distaux (lointains dans le temps) et proximaux (proches dans le temps), ce qui permet de fixer des visions porteuses de sens (finalité) tout en subdivisant cette vision en sous-objectifs atteignables. L'atteinte de ces objectifs intermédiaires renforce la croyance en nos capacités et représente des points de passage sur lesquels s'appuyer, dans les moments difficiles, et des témoins concrets de ce qui a déjà été réalisé.

La mise en place d'objectifs optimums repose sur le principe de coconstruction et demande de dépasser la simple relation hiérarchique : permettre aux individus de s'impliquer activement dans l'élaboration de leurs objectifs (sur le quoi et/ou le comment) nourrit leur besoin d'autonomie, renforce significativement leur croyance en leurs capacités et leur motivation autonome. Ainsi, pour paraphraser John Whitmore[10], les individus ont une plus grande volition et une meilleure performance quand ils *veulent* plutôt que quand ils *doivent* faire quelque chose.

Mixer les objectifs d'apprentissage avec les objectifs de performance offre également un espace propice à la curiosité et à la progression, laquelle augmente le sentiment d'efficacité personnelle et entraîne une volonté d'explorer plus avant, ainsi qu'une amélioration de la performance.

Ces objectifs doivent également revêtir différents aspects, au premier rang desquels un aspect auto-fixé. En effet, le

10. Auteur d'une méthode publiée dans les années 1960, encore utilisée aujourd'hui : *Coaching for Performance* (Londres, Nicholas Brealey Publishing).

côté rationnel et S.M.A.R.T.[11] d'un objectif, prôné par tant de cabinets, n'est pas suffisant pour assurer une action efficiente sur le long terme. C'est bien lorsqu'une personne adhère pleinement aux objectifs qu'elle prendra l'entière responsabilité de ses actes et déploiera l'énergie nécessaire.

Un objectif considéré comme inspirant renforce la capacité de persévérance, tout comme le fait d'être stimulant, positif et approprié aux capacités. En effet, si un objectif n'est pas réaliste ni inspirant au regard de nos valeurs, nous baisserons les bras à plus ou moins court terme. Le cerveau ayant tendance à obtenir ce sur quoi il se concentre (par exemple, la peur d'échouer peut nous focaliser sur l'échec[12]), il est préférable de lui envoyer des stimulations positives.

La capacité d'un manager, d'un éducateur ou d'un professeur à aider les individus à prendre conscience de leurs facultés et à se fixer des objectifs optimums est indispensable pour assurer un bien-être psychologique et une performance individuelle et collective.

Le feedback[13]

Le feedback est un outil essentiel pour augmenter la compétence des personnes : il s'agit d'une technique de communication par laquelle une personne (le récepteur du message) fait un retour à une autre personne (l'émetteur du message) sur des faits, des actions ou des comportements de cette dernière. Ce retour permet le déclenchement d'une série d'interactions et d'ajustements entre les protagonistes.

---

11. « Intelligent » en anglais. Ici, en référence à l'acronyme S.M.A.R.T., « spécifique, mesurable, accepté, réaliste et temporel », utilisé par de nombreuses entreprises pour calibrer les objectifs.

12. Pour un approfondissement de la notion d'objectif, cf. Whitmore, John, *Coaching for Performance*, Londres, Nicholas Brealey Publishing, 2009, p. 58-66.

13. « Retour », « rétroaction », « réactions », « impressions », « remarques », en anglais.

Pour produire des résultats significatifs, un feedback informationnel respecte des règles précises. Il doit être :

- purement descriptif et non jugeant ;
- spécifique et précis ;
- approprié aux besoins de l'émetteur et du résultat à atteindre ;
- donné le plus tôt possible et dans des délais appropriés pour permettre des ajustements ;
- évalué pour éviter toute déformation ou mauvaise interprétation du message transmis, et challengé en demandant au récepteur son avis.

Favoriser des échanges objectifs permet de renforcer les attitudes positives et de corriger les comportements inappropriés. En outre, le feedback permet d'améliorer la qualité interactionnelle d'augmenter l'engagement, et renforce la dynamique individuelle et collective. Pour éviter des dérives et déployer tous ses effets, je recommande une formation spécifique.

Si les critiques blessent les gens, c'est parce qu'elles s'attaquent indifféremment aux comportements et aux personnes. Ainsi, la raison pour laquelle les individus sont peu enclins à écouter le retour d'un tiers est liée au fait qu'ils se sentent jugés en tant que personnes plus qu'évalués sur la pertinence de leur action. Or, un feedback fonctionne parce qu'il permet de sortir du jugement et de l'ego pour se concentrer sur une évaluation factuelle des comportements. La justesse, la précision et l'objectivité des retours permettent au destinataire d'intégrer des pistes d'amélioration utiles sans avoir l'impression de subir une critique pure et simple contre-productive.

L'acceptation du feedback dépend en premier lieu de la disponibilité de la personne à le recevoir. Bien que la notion temporelle soit importante, il peut être préférable de décaler légèrement son retour pour s'assurer de la capacité d'écoute de l'interlocuteur.

Il est également important de parler à la première personne pour créer une interaction fluide, renforcer l'acceptation des propos et la relation. Ainsi, employez « j'ai remarqué... », « j'ai observé... » au lieu de « il faut... », « vous devez... ». Soyez le plus précis possible dans les conséquences générées par le comportement observé. Posez également des questions ouvertes pour favoriser une interaction constructive : « Qu'en pensez-vous ? Quel est votre avis ? Si vous étiez la personne recevant l'information, le comportement, comment réagiriez-vous ? »

Créer une culture du feedback peut nécessiter du temps, mais s'avère un passage obligé si vous voulez développer l'autonomie, encourager la responsabilité et favoriser l'excellence.

Enfin, intégrer le feedback dans les interactions avec les autres montre une capacité à élargir sa grille de lecture, notamment en prenant en compte des paramètres supplémentaires comme la communication non verbale (comportement corporel) et paraverbale (comportement vocal) tout en développant sa capacité empathique.

Une technique utile pour s'assurer une compréhension commune de la situation et une recherche concrète d'amélioration réside dans la méthode des « 4 R[14] ».

La vie est parsemée d'obstacles, de revers, de frustrations et d'inégalités à surmonter autant que de challenges et de rêves à atteindre. L'environnement actuel étant de plus en plus instable et incertain, nous avons plus que jamais besoin de développer un sentiment de compétence robuste pour nous permettre de relever les défis de notre société.

14. Répétition, reformulation, résumé et recontextualisation.

Chapitre 2

La relation[1] : soutien de l'humanité

Si l'on compare les sociétés occidentales aux philosophies des cultures traditionnelles ainsi qu'à nos comportements au quotidien à l'égard d'autrui, l'idée de l'égoïsme universel apparaît simpliste et erronée. Depuis la révolution industrielle du XIXe siècle, l'Occident a privilégié la compétition et l'individualisme au détriment de la coopération et de la patience. Ce choix nous a détournés de l'essentiel de la vie pour embrasser les valeurs superficielles de gloire, de pouvoir et de désirabilité.

Cependant, même dans ce contexte, des gens se précipitent vers une personne en détresse ; des équipes donnent leur vie pour limiter les effets destructeurs de tragédies humaines (comme cela a été le cas à Fukushima[2]) ; et chaque jour, dans le monde, des centaines de millions de personnes s'adonnent à des activités bénévoles.

1. Le mot anglais *relatedness* est intraduisible en français. Il englobe à la fois les notions de relation et d'appartenance.

2. Après la catastrophe nucléaire de Fukushima, le 11 mars 2011, des retraités se sont proposés pour nettoyer la ville. Le point fort de leur argumentation reposait sur le fait qu'ils acceptaient de sacrifier leurs dernières années de vie pour les générations futures, qui avaient encore la vie devant elles.

Une explication, plus en adéquation avec l'observation du quotidien et certainement plus efficiente que le dogme de l'égoïsme universel, est de considérer une inclination des individus à l'entraide. Cela ne revient pas à gommer l'égoïsme[3] du paysage des comportements, mais à l'atténuer en acceptant les contours du rapport collaboratif à l'état naturel.

I. Un besoin inhérent à la nature humaine

Si se sentir libre (besoin d'autonomie) et efficace dans notre action (sentiment de compétence) est indispensable à notre développement, un fonctionnement optimal repose également sur le fort sentiment de connexion aux autres, et sur le fait de donner et de recevoir de l'amour de la part de personnes importantes pour nous (relation).

Pour Martin Nowak, biologiste et directeur de département à Harvard, « [...] l'évolution a besoin de la coopération pour être en mesure de construire de nouveaux niveaux d'organisation : les gènes collaborent dans les chromosomes, les chromosomes collaborent dans les cellules, les cellules collaborent dans des organismes et structures plus complexes, ces structures collaborent dans des corps et ces corps collaborent dans des sociétés. Ainsi, tout au long de l'histoire de la vie, des unités initialement indépendantes se sont assemblées de manière coopérative pour finir, avec le temps, par constituer des individus à part entière, un être humain, par exemple, ou des "superorganismes", comme dans le cas d'une colonie de fourmis. Envisagé dans ce contexte, le mot

3. Tout homme déploie une part d'égoïsme, qui se révèle notamment par la recherche de la satisfaction de certains de ses besoins, avant de s'intéresser aux besoins des autres. Conclure pour autant qu'il n'est qu'égoïsme n'est que pure croyance.

"coopération" n'implique aucune motivation consciente, puisqu'il s'applique aussi bien à des gènes qu'à des bactéries ou à des animaux supérieurs[4]. »

Le besoin de relation, défini comme la nécessité d'affiliation et de reconnaissance au sein d'un groupe, est considéré comme inné et universel par de nombreux auteurs. Roy Baumeister et Mark Leary soutiennent d'ailleurs que « les gens qui ont quelque chose en commun, qui partagent des expériences ensemble (même mauvaises), ou tout simplement qui sont exposés souvent les uns aux autres ont tendance naturellement à former des liens d'amitié[5] ».

Satisfaire ce besoin implique des interactions *fréquentes et affectivement agréables avec un nombre significatif de personnes, et ce, dans un cadre temporel durable.* Notons également qu'un intérêt affectif réciproque produit une relation plus qualitative que celui basé sur un échange social intéressé. Par conséquent, pour nous épanouir de manière pérenne, mieux vaut se retrouver régulièrement à la terrasse d'un café avec quelques amis que de développer des relations dématérialisées sur les réseaux sociaux avec des centaines d'individus.

Plus l'environnement est exigeant, plus la coopération à l'intérieur d'un groupe devient nécessaire. Les organisations, soumises à des pressions externes de plus en plus fortes, s'écartent malheureusement de cette collaboration en rationalisant et en renforçant les contrôles. Or, c'est en adoptant une vision holistique des collaborateurs, en favorisant les travaux coopératifs et les objectifs communs et en multipliant les moments authentiques de présence relationnelle

4. Cité dans Ricard, 2013, p. 177.
5. Baumeister, Roy et Leary, Mark, « The Need to Belong: Desire for Interpersonal Attachments as a Fundamental Human Motivation », dans Psychological Bulletin, vol. CXVII, no 3, juin 1995, p. 520.

que nous pourrons faire face aux défis d'un quotidien de plus en plus incertain et agressif.

Enfin, notre conscience sociale et notre désir d'appartenance sont des composantes essentielles de notre développement anthropologique. L'histoire des civilisations montre que notre capacité à survivre, à nous reproduire, puis à prospérer a reposé sur la formation des groupes et la création de liens sociaux forts. Que ce soit au sein de populations avec peu de ressources ou dans les sociétés « primitives », le partage, la confiance et la collaboration sont le ciment de leur subsistance et de leur survie.

II. Un système actuel toxique pour notre humanité

I. : On voit bien que le docteur Ivanov n'est pas un nomade mongol ou un Bédouin du Sahara.

F. : C'est-à-dire ?

I. : Il ne pense qu'à lui. Sa gloire, ses congrès... Rien n'est gratuit avec lui. Narcisse en personne !

F. : À l'inverse, existe-t-il, dans votre entourage, des personnes qui donnent sans compter ?

I. : Bien sûr ! Ma collègue Jeanne, mon frère Alex et Yasmina, la professeure d'histoire de ma fille.

F. : Merci pour ces exemples, car, sur le plan scientifique, la présence d'exceptions remet en cause les concepts généralistes et erronés du type : « La nature humaine est méchante, égoïste... »

Dans les pas de Thomas Hobbes[6] et de son dogme de « l'égoïsme universel », notre société d'abondance s'est

---

6. Thomas Hobbes (1588-1679) est un philosophe anglais. Dans son ouvrage *Léviathan* (1651), il postule l'égoïsme de l'homme comme moteur de son action. Différents penseurs contemporains (Freud, Friedman,

détournée de notre besoin de relation. Prenant appui sur un capitalisme d'après-guerre leurré par l'illusion d'une croissance infinie dans un monde pourtant limité[7], cette société a posé comme principes directeurs l'ascension sociale et l'égocentrisme.

Au niveau sociétal, le capitalisme s'est transformé en un consumérisme effréné, à l'écart de nos besoins fondamentaux. Entre obésité inquiétante, surconsommation d'opioïdes et augmentation des suicides dans toutes les classes d'âge, les États-Unis ouvrent la voie morbide empruntée par la société actuelle – voie qui conduit, pour la première fois de l'histoire[8], malgré les progrès de la science, à une tendance durable de la baisse de l'espérance de vie aux États-Unis[9]. Au niveau industriel, l'individu est devenu un matricule ou une machine, l'équipe, une ligne budgétaire. La coopération a été remplacée par la compétition, et nous évoluons à présent dans un environnement où nous ressentons un vide existentiel de plus en plus marqué (dont le caractère évident s'est imposé à nous pendant le confinement de 2020). Les lieux de travail entravent la prise d'initiative, la coopération et le sentiment d'appartenance. L'entreprise a décidé, de manière unilatérale, de privilégier l'intelligence rationnelle aux comportements coopératifs, et que le milieu professionnel n'était pas un endroit pour développer des relations amicales ou pour prendre du plaisir. Que ce soient les bureaux fermés des années 1970 ou les « batteries » ouvertes dans lesquelles nous sommes parqués aujourd'hui, rien n'est fait pour

Nietzsche, Taylor, etc.) poursuivront cette pensée de l'homme profondément égoïste, dont les actes visent à promouvoir ses intérêts personnels.

7. En référence au sous-titre du rapport Meadows de 1972 : « Une croissance infinie dans un monde fini ».

8. L'étude des civilisations montre une évolution constante de l'espérance de vie de populations vivant dans des conditions favorables (absence de guerres et d'épidémies).

9. Cf. Barbieri, Magali, « La baisse de l'espérance de vie aux États-Unis depuis 2014 », dans *Population & Sociétés*, vol. IX, n° 570, oct. 2019.

satisfaire les moments de convivialité. La pratique de plus en plus courante du *flex office* est une illustration supplémentaire de cette déshumanisation des lieux de travail. Elle s'avère totalement contradictoire avec la territorialisation de notre espace de travail – fonction essentielle de notre sentiment d'appartenance et d'une motivation qualitative.

Au niveau individuel, enfin, il ne s'agit plus d'œuvrer pour l'intérêt collectif, mais de défendre son pré carré. Comme l'écrit si élégamment Matthieu Ricard[10], l'individu se trouve dans « une aspiration égocentrique à s'affranchir de toute conscience collective et à donner la priorité au "chacun pour soi". Elle encourage l'individu à faire tout ce que lui dictent ses désirs, ses impulsions immédiates au mépris des autres et de sa responsabilité vis-à-vis de la société. » En transformant l'individu en consommateur boulimique, en remplaçant les contacts physiques par des relations dématérialisées et en lui donnant l'illusion que le monde tourne autour de sa personne, le système, comme l'explique Edgar Morin, nous mène à « une crise de l'humanité au sens large[11] ». L'accumulation de biens ne remplacera jamais notre besoin d'interaction et d'appartenance. À ce titre, Tim Kasser[12] insiste sur le coût élevé de l'accumulation de valeurs matérialistes : ses études s'étendent sur vingt ans et prouvent que les individus qui concentrent leur vie sur la recherche des aspirations extrinsèques (richesse, image, statut social), promues par la société de consommation, sont moins satisfaits de leur existence et plus sujets à la dépression et au suicide que ceux qui entretiennent des liens profonds et réguliers avec des proches. Dès lors, quel paradoxe de constater une nouvelle fois l'écart entre les messages de la société consumériste (« Sois heureux,

10. Ricard, 2013.
11. Morin, Edgar, *Sur la crise*, Flammarion, 2020.
12. Kasser, Tim, *The High Price of Materialism*, Cambridge, MIT Press, 2003.

développe-toi. »), les comportements prônés pour y arriver (« Monte au sommet, achète, sois beau. »), et les résultats obtenus (perte de sens, burn-out, dépression, violence, alcoolisme...) !

Le mal est profond, ne nous y trompons pas. Cette vague néolibérale, qui déferle sur le monde depuis les années 1980, n'est pas autre chose que la toute-puissance mondialisée du profit. « La planète est désormais soumise à cette puissance qui provoque à la fois des catastrophes écologiques et l'asservissement des populations, suscitant de multiples révoltes, toujours réprimées[13]. » La crise sanitaire, loin d'avoir permis une prise de conscience amenant à un changement de voie, a amplifié les comportements égoïstes individuels et collectifs : « Les mesures de contrôle et de surveillance des populations, officiellement justifiées par des raisons sanitaires, constituent en même temps les premiers échafaudages d'une société de surveillance et de soumission[14] ».

Or, instinctivement, nous savons que la multiplication des moments positifs et profonds d'interactions a un effet sur notre sentiment d'épanouissement et de satisfaction. *The Harvard Gazette* a publié, en 2016, les résultats de la plus longue étude jamais réalisée sur la question du bonheur. Cette étude, menée pendant 75 ans et sur 724 personnes, a livré un résultat sans appel, confirmant les travaux de nombreux chercheurs :

- Le statut social, le niveau de richesse, la réussite professionnelle ou la célébrité ne sont jamais la raison du bonheur d'un sujet ou la cause de son malheur.
- Les personnes les plus connectées avec leur famille, leurs amis et leur communauté sont les plus heureuses.

13. Morin, 2022, p. 37.
14. Morin, 2022, p. 49.

- Ces personnes sont physiquement en meilleure santé et vivent plus longtemps que celles qui sont moins bien connectées.
- La qualité des relations compte vraiment et vivre dans un milieu conflictuel est très mauvais pour la santé.
- Les relations durables et de qualité ont des répercussions non seulement au niveau physique, mais également au niveau psychologique et hormonal.

Cette étude montre que ce système, qui nous pousse à travailler et à gagner toujours plus, n'est pas favorable à notre épanouissement. Elle montre également l'urgence et l'importance de remplacer le temps passé devant nos écrans par un temps physique avec nos proches.

Bien qu'existant à l'état naturel, la coopération est dépendante de la qualité de l'environnement. À ce sujet, il a été constaté un écart significatif de comportements entre les ruraux et les citadins : « Les habitants des petites villes sont beaucoup plus serviables que ceux des grandes. » Pour Harold Takooshian, auteur de l'étude[15] en question, les habitants des villes « s'adaptent aux sollicitations incessantes de la vie urbaine en réduisant leur implication dans la vie de leurs concitoyens ».

Le milieu urbain est incompatible avec la définition même du besoin de relation : accaparés par de nombreuses activités, sursollicités par l'environnement, les individus se protègent et se referment de plus en plus sur eux-mêmes. Et les nouvelles technologies renforcent cet isolement « volontaire ». Ce phénomène de repli sur soi est décuplé en raison de l'insécurité galopante dans les villes, dont le taux de criminalité est presque trois fois

15. Takooshian, Harold, Haber, Sandra et Lucido, David, « Who Wouldn't Help a Lost Child ? You Maybe », *Psychology Today*, vol. X, n° 9, fév. 1977, p. 67-68.

plus élevé que dans les campagnes. « L'esclavage urbain », imposé par la société moderne, ne nous réduit pas pour autant à des « animaux des villes » ou à des êtres purement égoïstes.

III. Soutenir le besoin de relation

L'accélération de la distanciation des rapports humains, dans le milieu professionnel et personnel, est renforcée par la présence récurrente des réseaux sociaux dans notre quotidien. S'il est encore difficile de connaître les conséquences réelles de cette virtualisation des interactions, une tendance pessimiste se dessine cependant. Ainsi, Sarah Hrdy envisage même une « possible atrophie de l'empathie, si les enfants ne bénéficient plus de riches interactions associées aux soins collaboratifs[16]. »

L'individu et l'entreprise ont beaucoup à perdre dans cette raréfaction de la relation physique, renforcée par la généralisation du télétravail : d'un côté, les collaborateurs perdront un accès à la communication informelle, ciment d'une action efficace et performante ; de l'autre, cette distanciation diminuera leur sentiment d'appartenance avec le groupe (ici, l'entreprise), qui n'arrivera plus à les fédérer autour d'un projet.

F. : Vous pleurez ?

I. : Moi qui croyais être épanouie avec mes 800 amis, vous détruisez ma vie !

F. : Non, c'est plutôt Zuckerberg et ses copains des Gafam[17] *qui nous aliènent et nous font devenir « les nouveaux esclaves d'une modernité tardive qui nous tient à la patte par le fil du*

16. Ricard, 2013, p. 198.

17. Acronyme des cinq géants du net : Google, Amazon, Facebook, Apple et Microsoft (depuis le succès de Windows 10).

numérique[18] », comme ces géants de l'agroalimentaire qui nous bourrent de sucre et se dédouanent avec la fameuse mention : « Pour votre santé, bougez plus. »

I. : Mais que faire ?

F. : À la fin de votre service, lâchez votre téléphone et allez boire un verre avec vos copines, riez un bon coup, jouez aux cartes, discutez de tout et de rien. Invitez-les à partager un bon repas, allez vous promener…

Autre infirmière, passant dans le couloir *: Tu viens, Ilda ?*

F. : Allez-y, je finirai de ranger.

I. : Merci.

La plupart des résultats positifs en sport ou en entreprise ne viennent pas du respect strict des règles, mais de la capacité des acteurs à travailler de manière collaborative et fluide. Or, la qualité des relations n'est jamais le fruit d'injonctions ni de longs discours, mais de rencontres régulières sur un temps long. Les conflits en entreprise découlent souvent de peurs, de croyances, et de rigidités internes et organisationnelles, ainsi que de configurations favorisant la compétition. Comme l'indique Will Schutz, « un mythe organisationnel fréquent est qu'il n'y a pas de temps à consacrer aux relations personnelles. Il y a des dates limites, des bilans [des objectifs à tenir et des procédures à respecter…], des salaires à distribuer qui sont vus comme la priorité. Mais ignorer les problèmes du travail d'équipe au profit de thèmes "pratiques" est l'expression d'un mensonge organisationnel massif[19] ».

La *relation non planifiée* est le meilleur moyen pour apprendre à se connaître les uns les autres. Ce temps passé à se socialiser (dans et en dehors du strict cadre professionnel) renforce les liens qui nous unissent et instaure la confiance.

18. Gori, 2023, p. 10-11.

19. Schutz, Will, *L'élément humain – Comprendre le lien entre estime de soi, confiance et performance*, Paris, InterÉditions, 2006, p. 134.

La pause-café, les discussions sans agenda au bureau, les déjeuners entre collègues, le covoiturage, le verre après le boulot ou des propositions d'aide spontanées sont autant de moments de convivialité précieux, favorables à la création d'un esprit de coopération.

Les *moments de liens organisés (*tels les repas d'équipe, les séminaires sur des sujets d'entreprise, les journées de cohésion*)* représentent également un excellent moyen de favoriser la relation et de développer la coopération.

Cette récurrence de moments spontanés et organisés, entre niveaux hiérarchiques et interservices, participe à l'instauration d'un contexte propice à la collaboration et à la confiance. Quand un salarié voit son manager ou son collègue dans son humanité, il aura plus envie « d'aller au front » avec lui par temps difficile, et inversement.

Notre besoin de relation conduit chaque individu à faire partie d'un tout plus grand que lui et à accepter les valeurs du groupe auquel il appartient. L'expérience de la Troisième Vague, menée par le professeur d'histoire Ron Jones avec l'une de ses classes, en 1967, illustre ce phénomène. Pour aider ses élèves à comprendre le comportement de la population allemande face au nazisme, Jones a créé un mouvement prônant la discipline et l'esprit de corps, et dénonçant la démocratie, tournée de manière excessive vers la réalisation individuelle. Les élèves ont adopté des codes vestimentaires spécifiques, ont ressenti une fierté à respecter un certain nombre de règles et à appartenir au mouvement. Ils ont adopté des comportements discriminatoires, ont dénoncé leurs camarades selon des prétextes fallacieux et ont instauré un fonctionnement dictatorial. En une semaine, ce professeur d'histoire a amené des élèves à renoncer à leur besoin d'autonomie pour nourrir leur sentiment d'appartenance.

Dans le même ordre d'idée, le psychologue américain Solomon Asch[20] a démontré, dès 1951, l'influence de l'avis du groupe sur nos choix[21]. Dans son expérimentation initiale Il rassembla sept participants : un « cobaye », et six complices de l'expérience qui donnaient à dessein des réponses erronées à certains moments du test. Les questions étaient triviales, à l'instar de : « Parmi ces trois traits, quel est celui identique au premier tracé ? » Le sujet réel était placé systématiquement en dernière position : il entendait donc six réponses avant de se prononcer. Sur les douze questions « manipulées », seulement 25 % des participants ne se sont jamais conformés aux réponses des autres. Les 75 % restants ont suivi l'avis du groupe au moins une fois pour éviter le jugement des autres.

La majorité des individus se conforment à l'avis du groupe pour deux raisons principales :

- l'influence normative, c'est-à-dire la volonté d'adhésion au groupe ;
- l'influence informative, qui consiste à considérer le groupe comme mieux informé et à se plier à son avis.

Ces notions conformité/autorité sont prégnantes dans les organisations de la société. Elles constituent des obstacles au plein engagement des collaborateurs dans l'initiative et la créativité, participant à l'asservissement « volontaire » des citoyens. Pour favoriser la performance, les dirigeants et managers doivent développer la considération et la connivence avec et dans les équipes, favoriser la confrontation (non-conformité) et le respect des idées de chacun (autonomie).

---

20. Asch, Solomon, « Effects of Group Pressure Upon the Modification and Distortion of Judgments » *in* Guetzkow, Hans (dir.), *Groups, Leadership and Men. Research in Human Relations*, Pittsburgh, Carnegie Press, 1951, p. 177-190.

21. Cf. sur YouTube : https://www.youtube.com/watch?v=7AyM2PH3_Qk.

Enfin, développer un fort sentiment d'appartenance demande une approche holistique, incluant connaissance de soi et des autres, reconnaissance de la diversité et des situations personnelles de chacun. Par exemple, chez Patagonia, la mise en place de crèches pour les employés et de moments conviviaux avec les enfants pendant le déjeuner permet de découvrir les individus dans leur entièreté, renforçant le sentiment de relation et la confiance en l'organisation. Cette approche s'avère plus efficace que de les « mettre au pas » de la règle, de l'évaluation et des normes.

L'empathie et l'écoute active sont également essentielles pour favoriser l'authenticité. Cependant, apprécier l'autre ne revient pas à le considérer comme un alter ego : il s'agit d'accepter sa position, ses priorités et ses valeurs sans porter de jugement. Comme le dit Matthieu Ricard[22], « il faut laisser l'autre être autre et se dépouiller de ce qu'on pourrait projeter sur lui, se dépouiller de soi pour aller vers l'autre, dans l'écoute et la bienveillance ».

Cette approche demande du temps et un entraînement régulier, car notre perception est souvent brouillée par notre histoire personnelle autant que par notre culture. Dans ce monde moral, l'enjeu est de faire triompher sa vérité et sa justice, alors qu'il n'existe pas une réalité, mais autant de réalités que d'interactions possibles. En écoutant réellement les points de vue de chacun, en les questionnant pour comprendre leurs perceptions, nous adoptons un objectif « grand angle » qui nous ouvre de nouvelles perspectives et nous sort d'un rapport égotique avec le monde.

Le travail en équipe peut suivre différentes méthodes. La première est la *coercition*, où le chef impose la coopération en vertu de son autorité. Ce système repose sur l'idée que

22. Ricard, 2013.

les personnes sont recrutées et payées pour coopérer. En cas d'insuffisance de résultats, il suffit de licencier et d'embaucher d'autres ressources. Cette méthode hiérarchique engendre stress et comportements défensifs tout en nuisant à la collaboration et à la performance.

La deuxième méthode est celle du *compromis*, fondé sur la croyance naïve que nous allons ignorer nos désaccords, nous respecter mutuellement et faire fi de nos ambitions personnelles au nom du bien commun. Cette approche produit des ententes de façade, derrière lesquelles se cachent des luttes de pouvoir et des agendas secrets. En réalité, ce cadre n'offre aucune base solide pour un travail d'équipe efficace.

La *complémentarité* repose sur le principe de l'expertise : chacun effectue le travail pour lequel il est « expert », le dirigeant tentant d'organiser une équipe « complémentaire » au regard desdites compétences. Cette approche peut produire des résultats dans des contextes favorables, mais elle ne favorise pas un esprit de coopération solide, et les problèmes restent entiers dans des configurations anxiogènes ou en cas de réelles difficultés.

Enfin, il existe la méthode de travail en *équipe ouverte*, proposée par Will Schutz. Il soutient que chacun doit comprendre « que les problèmes proviennent d'une adhésion rigide aux positions et non pas de différences d'opinions ou de styles cognitifs ou de personnalité. Nous acceptons de discuter ouvertement de nos émotions personnelles et des peurs qui se cachent derrière nos rigidités (qui proviennent d'un problème de faible estime de soi[23]). » Plus les individus approfondissent leur connaissance d'eux-mêmes, intègrent dans leur fonctionnement des notions telles que l'écoute active, l'observation et la description des situations, plus ils développent des capacités d'évaluation objectives au-delà de

23. Schutz, 2006, p. 138.

leur simple perception. L'empathie, qui repose sur l'observation des micro-expressions et des micro-attitudes de nos interlocuteurs, s'avère très utile. Elle permet de spatialiser leurs réalités, de nous ajuster à leurs besoins (attitudes, gestes, discours), et favorise l'interaction et les rapports pacifiés. Cette méthode, qui demande temps, exigence et courage, offre un socle solide pour dépasser les batailles d'ego et s'ouvrir une collaboration orientée vers l'objectif commun.

Adopter une vision humaniste nécessite un travail autant sur soi qu'avec les autres. Ce sujet de l'authenticité peut sembler métaphysique, mais c'est en étant cohérents avec notre nature profonde que nous pouvons cultiver des relations sincères et réaliser des choses extraordinaires. Sentir l'acceptation inconditionnelle des autres permet de nous révéler entièrement et de nous mobiliser autour du projet commun. Contrairement au contrôle, cette « posture » est très exigeante, nécessitant de l'honnêteté envers soi-même, de la patience et une ouverture vers l'autre. Cela demande de dépasser le culte de l'ego, d'accepter ses croyances, d'exprimer ses peurs, de laisser émerger ses aspirations profondes tout en faisant preuve d'écoute et d'humilité.

Erich Fromm, dans son livre *L'Art d'aimer*[24], explique très bien les difficultés rencontrées ici : « Ce qui est difficile pour aimer, c'est de se libérer de ses introjections, de ses rigidités, des accusations et de l'autodénigrement qui interfèrent avec la capacité à mettre son soi véritable en relation sincère avec autrui. Ce qui est difficile, c'est d'être suffisamment libre psychologiquement pour créer un contact authentique[25]. »

Les organisations, en misant sur le contrôle et les récompenses extérieures, n'ont pas créé les conditions propices à la

---

24. Fromm, Erich, *L'Art d'aimer*, Paris, Pocket, 1956.
25. Fromm, 1956, p. 140.

motivation autonome. Les individus se réfugient alors dans le seul besoin qui leur reste : la relation. Et, lorsque ce besoin est entravé à son tour par des pratiques contrôlantes (temps de pause minimum, surcontrôle, lieux déshumanisés, travail à distance…), le désengagement (ou le surinvestissement) ainsi que la fragilité mentale apparaissent rapidement.

L'approche C.R.A.F.T. vise en particulier à recréer ce lien entre l'entreprise et l'individu. Elle cherche à reféconder les lieux de travail en assurant la satisfaction équilibrée des besoins de compétence, de relation et d'autonomie, la création d'un cadre de collaboration sécurisé et d'une finalité porteuse, permettant l'utilisation des facultés naturelles de chacun. Ainsi, nous pourrons construire une configuration favorable à notre épanouissement et à un système plus pérenne.

Chapitre 3

L'autonomie : force de vie

Effectif depuis le 5 avril 2022, le dispositif « MonPsy » permet aux citoyens français de plus de trois ans, en situation de mal-être ou en souffrance psychique d'intensité légère à modérée de bénéficier, sous conditions, de séances d'accompagnement psychologique remboursées par l'Assurance Maladie. Cette mesure reflète une augmentation globale du mal-être dans la société et une tendance croissante des individus à se comporter de manière dangereuse envers eux-mêmes et violente envers les autres.

L'insatisfaction du besoin psychologique d'autonomie, essentiel à un développement congruent de notre personnalité, en serait la cause. Tout comme la nourriture est nécessaire au corps humain, l'esprit montrerait un besoin inné d'autonomie personnelle – ce que le psychologue Christopher DeCharms appelle « la causalité personnelle ». L'autonomie s'apparente à une « force » qui nous donne de l'énergie, nous pousse à prendre la responsabilité de nos actes et nous « rend vivants ». Elle se réfère au sentiment « de se sentir à l'origine ou à la source de nos actions, d'être en congruence avec elles et d'assumer entièrement ce que nous faisons[1] ».

1. DeCharms, 1968 ; Deci et Ryan, 1985.

Agir de façon autodéterminée est aux antipodes de l'individualisme ou de l'indépendance[2], et ne signifie pas agir seul ou faire ce que l'on veut quand on veut. Aussi paradoxal que cela puisse paraître, satisfaire ce besoin demande d'être connecté à des tiers et d'agir de manière responsable. Ce sentiment se manifeste notamment lorsque nous percevons nos interlocuteurs intéressés par nos actions, respectant nos choix (même s'ils ne les approuvent pas) et prenant notre avis sur des sujets qui nous concernent.

Les recherches mondiales depuis cinquante ans montrent, de manière invariante, que l'autonomie est l'élément essentiel du développement optimal des individus. Elle est malheureusement malmenée au quotidien dans les milieux professionnels, scolaires et familiaux. Au niveau personnel, comme l'ont expliqué de nombreux auteurs, la société moderne nous prive de la capacité de penser, et donc d'agir de manière autodéterminée : « La civilisation technique, par son principe même, est impersonnaliste. Elle exige de l'homme une activité, mais elle s'oppose à ce qu'il soit une personnalité[3]. » Au niveau sociétal, l'économiste Francis Green voit d'ailleurs dans le manque d'autonomie au travail l'explication principale de la baisse de productivité et de satisfaction des travailleurs au Royaume-Uni[4].

---

2. Nous précisons cette distinction autonomie/indépendance au regard de la définition du *Larousse* : « Capacité de quelqu'un à être autonome, à ne pas être dépendant d'autrui ; caractère de quelque chose qui fonctionne ou évolue indépendamment d'autre chose. » Selon la théorie de l'autodétermination, une personne peut être indépendante et se sentir contrôlée par des forces extérieures, ou autonome et dépendante d'autrui. Ces termes ne sont pas synonymes.

3. Berdiaeff, Nicolas, *L'homme et la machine*, Paris, R&N, 2019, p. 49.

4. Green, Francis, *Demanding Work : The Paradox of Job Quality in the Affluent Economy*, Princeton, Princeton University Press, 2006.

I. Privilégier l'intégration à l'introjection

Richard Ryan souligne que le développement humain est un processus dans lequel les individus affinent continuellement leur perception d'eux-mêmes et de leur monde, pour une plus grande cohérence. Ce processus proactif de transformation de stimuli externes (demandes de l'environnement) en stimuli internes, et d'acceptation des codes et valeurs de la société est celui de l'« internalisation ». Il existe deux manières différentes d'absorber ces règles : l'introjection ou l'intégration.

Dans l'*introjection*, l'assimilation des règles et des valeurs est incomplète ou partielle. Les personnes, en raison de contraintes internes (culpabilité, désirabilité...) ou de contrôles externes (pressions, menaces...), adoptent des comportements non autodéterminés. La religion, la morale et les pensées extrémistes constituent potentiellement des exemples de systèmes rigides introjectant des règles et des valeurs à respecter. L'*intégration*, en revanche, implique que l'individu accepte pleinement les demandes externes, qui s'intègrent à ses valeurs, générant des comportements autodéterminés.

Pour qu'un groupe fonctionne de manière optimale, chaque membre doit intégrer et respecter volontairement les valeurs et les règles. Lorsque les valeurs du groupe ne sont que partiellement acceptées, trois comportements défavorables à notre congruence peuvent apparaître.

- La *soumission* nous fait obéir de manière rigide aux demandes externes. C'est le cas de l'adolescent qui suit la filière d'apprentissage choisie par ses parents et du salarié qui embrasse le plan de carrière de son entreprise.
- L'*adhésion partielle* nous fait nous conformer aux règles du collectif pour éviter les problèmes, en dépensant un minimum d'énergie dans la tâche demandée.

- Enfin, avec la *rébellion*, nous adoptons des codes et des valeurs opposés à notre groupe d'appartenance, comme les enfants d'avocats qui deviennent délinquants.

L'introjection montre l'intrication entre besoins de relation et d'autonomie. Si le besoin de relation peut conduire à une internalisation partielle, seule la satisfaction du besoin d'autonomie conduit à une intégration complète et à une vie plus harmonieuse.

II. Croire en la nature humaine

Les dirigeants pensent parfois réellement responsabiliser leurs subalternes en déléguant une partie de leurs missions alors qu'en fait, ils les délaissent. La frontière entre management démissionnaire ou permissif et management responsabilisant est mince. Favoriser l'autonomie demande d'accompagner et de soutenir les employés dans leur autonomisation progressive. Cela implique d'accepter la perspective de l'autre, de transcender la relation hiérarchique et de donner du choix sur certains sujets.

Il s'agit avant tout d'une posture, d'un état d'esprit qui exige d'accepter chaque interlocuteur avec son histoire, ses convictions, sa culture et ses croyances. Ce soutien part d'un postulat souvent négligé par ceux qui nous encadrent : *l'homme est un être proactif, naturellement curieux, qui montre une tendance naturelle à se développer et à s'orienter vers toujours plus de congruence en présence de conditions favorables.*

Cela implique aussi de se rallier aux objectifs de l'autre en adoptant son point de vue et en l'encourageant dans ses initiatives. De fait, cette posture nécessite de dépasser le rapport hiérarchique et de partager le pouvoir. Abuser de notre position d'autorité peut flatter notre ego, mais laisse les collaborateurs sans autre choix que celui d'obéir. Les cultures et systèmes organisationnels tournés vers le contrôle, le respect des procédures (souvent contradictoires) et des normes contraignent l'ensemble de la chaîne hiérarchique, encouragent la poursuite de buts extrinsèques et sont antinomiques avec notre besoin d'autonomie

Nourrir ce besoin implique également de donner de la latitude aux collaborateurs et d'opérer une simplification organisationnelle, souvent contrecarrée par la pression des résultats et les jeux de pouvoir. Une étude de BCG[5], réalisée sur un panel d'entreprises européennes et américaines, montre une prolifération inquiétante de procédures et d'indicateurs de performance décorrélés de la complexification réelle du monde. En comparant les méthodes des entreprises modernes avec celles de l'après-guerre, l'étude conclut à une perte de temps et de productivité pour les managers et leurs équipes.

- En 1955, les entreprises avaient entre 4 et 7 impératifs de performance, contre 25 à 50 aujourd'hui.
- 15 à 50 % des indicateurs organisationnels s'avèrent contradictoires, ce qui n'était pas le cas en 1955.
- Les managers du quintile supérieur des organisations les plus compliquées passent plus de 40 % de leur temps à rédiger des rapports, et 30 à 60 % en réunions de coordination.
- Dans les organisations les plus compliquées, les équipes passent entre 40 % et 80 % de leur temps à le perdre, non qu'elles ne fassent rien, mais parce qu'elles font des choses improductives.

5. Boston Consulting Group est une entreprise de *consulting* en management créée en 1963. Elle a aujourd'hui des bureaux dans 48 pays, dont un en France, à Paris.

- Au cours des quinze dernières années, le nombre de structures d'interface, de coordination et de *process* de contrôle a augmenté[6] de 50 à 350 %.

Cette contrainte temps/production/complexification engendre une retaylorisation de type stratégique. Elle dégrade également la relation manager/collaborateur, qui se traduit soit par un resserrement hiérarchique, soit par une démission managériale. Ces méthodes, favorisant jeux de pouvoir et intérêts individuels, étouffent autant notre sentiment d'autonomie qu'elles sont contre-productives économiquement. Pour une performance organisationnelle optimale et une motivation autonome, il est crucial de remettre l'humain au centre du système, d'encourager l'échange et la prise de responsabilité en limitant au strict nécessaire les procédures et les contraintes. Jeff Gunther, PDG de Meddius, persuadé de la puissance de l'autonomie, a instauré la méthode Rowe (*results only work environment*[7]), un environnement de travail qui permet aux employés d'organiser leur travail comme ils l'entendent tout en étant responsables des résultats. Comme le souligne Jeff Gunther, ils ont toujours des objectifs à accomplir, des échéances à respecter, mais ils sont *considérés et poussés à faire part de leurs idées*. En accordant droit à l'erreur et soutien aux collaborateurs, il a, avec le temps, engendré prises d'initiative et responsabilité. Comme dans les démarches scientifiques, l'erreur est vue comme une étape nécessaire dans le processus d'apprentissage et d'autonomisation. Votre rôle est de fournir des informations précises

6. Yves Morieux et Peter Tollman ont identifié six règles pour gérer la complexification sans compliquer l'organisation : comprendre ce que font les équipes ; renforcer les intégrateurs ; augmenter la quantité totale de pouvoir ; accroître la réciprocité ; étendre l'ombre du futur ; récompenser ceux qui coopèrent. Pour aller plus loin, cf. Morieux, Yves et Tollman, Peter, *Smart Simplicity*, trad. Beslon, Christophe, Paris, Les Belles Lettres, 2014.

7. Stratégie de management qui privilégie le paiement de l'employé en fonction de son résultat, et non du nombre d'heures travaillées.

sur la tâche à accomplir, de faire part de vos attentes sur le résultat, de soutenir le collaborateur dans son action et de monitorer les résultats. Encourager l'échange authentique pour évaluer le sentiment de compétence perçu par votre collaborateur et fixer des objectifs adaptés à ses capacités est également indispensable. À l'inverse, les systèmes contrôlants, en partie basés sur le concept d'« amour conditionné », obligent à l'adoption de comportements non authentiques afin que l'on soit accepté par le groupe ou la figure d'autorité. Les personnes entrant dans ce jeu portent le masque façonné par la société et perdent le lien avec leur identité profonde, altérant leur santé mentale de manière durable.

I. : Au sujet de la double contrainte et de l'amour conditionné, j'ai une histoire de Paul Watzlawick,[8] bien connue des services médicaux.

F. : Laquelle ?

I. : Un enfant est à l'hôpital, en service de psychiatrie. Sa mère lui amène deux cadeaux : une cravate rouge et une cravate bleue. L'enfant, qui ne sait laquelle choisir, met la rouge pour faire plaisir à sa mère. Il la regarde avec un grand sourire et lui demande : « Alors, qu'en penses-tu ? » Celle-ci lui répond : « Pourquoi as-tu mis la rouge ? La bleue ne te plaît pas ? »

Lors de la visite suivante, bien décidé à la contenter, il l'attend en portant fièrement la cravate bleue. Sa mère, le voyant, lui dit : « Pourquoi portes-tu la bleue ? Tu n'aimes pas la rouge ? »

Ne sachant plus que faire, l'enfant décide, pour la prochaine entrevue, de mettre les deux cravates autour du cou, attendant fébrilement la réaction de sa mère. Cette dernière, le voyant accoutré de la sorte, conclut : « Eh bien, mon fils, si tu portes deux cravates autour du cou, ça ne m'étonne pas que tu sois placé en pédopsychiatrie... »

8. Paul Watzlawick était un psychologue, psychothérapeute et sociologue américain (né en Autriche). Il a été l'un des membres fondateurs de l'école de Palo Alto, spécialisée dans la thérapie brève systémique.

En créant ce contexte d'amour conditionné, « si tu fais bien, je te récompenserai ; si tu ne fais pas bien, je te rejette », sans donner les informations nécessaires pour prendre ses responsabilités, les dirigeants et les managers créent des conditions psychologiques terribles pour les individus qu'ils encadrent. En les faisant douter de leur sentiment de compétence, en leur enlevant tout sentiment d'autonomie, ils les transforment en matière inerte. Conséquence connexe, un grand nombre d'entre eux, ne sachant quel cap suivre, font subir leur instabilité à ceux qui les entourent ou tombent dans un état dépressif, passager ou durable.

III. Donner du choix dans un cadre précis

Le *choix* est un élément primordial du soutien d'autonomie. Il peut être donné individuellement et/ou collectivement, et sur différentes composantes. Vous pouvez ainsi laisser des marges de manœuvre sur le sujet en lui-même (le *quoi*) ou sur la manière d'atteindre le résultat (le *comment*). Un exemple de choix significatif sur le *quoi* nous est proposé par les sociétés qui dédient un temps spécifique à leurs salariés pour travailler sur des sujets qu'ils apprécient ou qui les passionnent. Ces entreprises encouragent l'innovation autant qu'elles permettent l'épanouissement et la fidélité des salariés. Fixer la direction tout en donnant de la latitude sur la manière de l'atteindre est une autre manière de soutenir l'autonomie et de favoriser la responsabilité.

En outre, donner du choix présente de nombreux avantages :

- Vous comprenez pourquoi votre interlocuteur agit comme il le fait, vous recueillez des informations importantes sur le contexte, sur sa manière d'agir, et vous évaluez sa maturité vis-à-vis du sujet.

- Vous engagez une dynamique positive en créant une alliance et en abordant les sujets sous un angle objectif.
- Vous générez une circularité de l'information, non purement descendante de type « je décide, tu exécutes », chère à nos amis de l'Empire C4. Vous bénéficiez ainsi de retours utiles pour opérer des ajustements au niveau opérationnel, stratégique ou interactionnel.
- Enfin, prendre en compte l'avis de l'interlocuteur n'est pas synonyme d'acceptation automatique. Vous gardez la possibilité de proposer vos idées ou de décider pour le bien du projet.

Créer un contexte soutenant l'autonomie change la qualité des rapports et pacifie la relation. Les idées étant partagées et les raisons du choix expliquées, les décisions sont plus rapidement acceptées et intégrées au quotidien. Cette démarche permet d'assurer une dynamique collective fluide, en passant de l'affrontement d'ego à la confrontation d'idées et en stimulant le dynamisme interne.

L'un des défis des organisations est d'établir un cadre où coexistent limites et autonomie. Une première règle pour donner du choix dans un cadre précis est de tenir compte de la maturité et de la compétence des personnes concernées : il serait en effet contre-productif de solliciter l'avis d'un collaborateur sur un sujet qui ne le concerne pas ou sur lequel il n'est pas compétent. Une telle démarche engendrerait souvent stress, désintérêt ou baisse du sentiment de compétence.

L'urgence, la confidentialité ou le côté stratégique d'un sujet peut également rendre impossible la sollicitation d'avis ou l'octroi de choix. Lorsque ces décisions unilatérales sont accompagnées d'une communication ouverte sur les raisons explicites et implicites, elles sont majoritairement comprises et acceptées.

N'hésitez pas à soumettre vos idées et décisions à l'épreuve des collaborateurs. Cette habitude n'est pas synonyme de compromis ou de consensualisme, car elle implique notamment des décisions parfois unilatérales. Son processus, qui renforce les sentiments de compétence, de relation et d'autonomie, favorise la confiance en l'organisation tout en facilitant l'acceptation des décisions. De plus, prendre en compte la perspective de l'autre, tout au long du projet, permet de limiter les erreurs et de dissoudre les malentendus.

De même, lorsque vous fixez des limites ou imposez une décision, privilégiez une sémantique non contrôlante et acceptez les résistances de vos collaborateurs. Lorsqu'un salarié comprend les raisons de la demande, qu'il se sent considéré et invité plutôt que contraint, il est davantage enclin à s'engager volontairement dans la tâche à accomplir.

Enfin, et comme nous le verrons au chapitre IV, il est indispensable de fixer des conséquences proportionnelles à la transgression et de communiquer clairement sur le sujet. Le fait d'instaurer des frontières engendre *ipso facto* la création d'obligations pour celui qui y est soumis, et donc des conséquences en cas de transgression. Sanctionner un franchissement de ligne rouge par un collaborateur est une étape essentielle dans la création d'un cadre de sécurité psychologique. Ne pas le faire revient à ne pas fixer de limites tout en discréditant celui qui les a fixées. Appliquer des conséquences n'est pas similaire à la notion de punition : la punition vise à contrôler, alors que la fixation des limites est destinée à encourager des comportements responsables.

IV. Nous ne sommes pas des boîtes de « petits poids »

Avant d'être influencés par le contexte, les humains naissent avec des caractéristiques physiques et psychologiques variées. Certains enfants sont naturellement curieux et sereins, tandis que d'autres sont plus apathiques ou stressés.

La théorie d'orientation causale[9] décrit trois types d'orientations motivationnelles générales qui influent sur nos comportements, le cours de notre vie et notre stabilité émotionnelle.

• En cas d'*orientation autonome*, les personnes se dirigent vers des activités intéressantes ou stimulantes. Elles sont proactives et prennent la responsabilité de leurs actes. Cette orientation, à rattacher à la motivation autonome, encourage la curiosité, des comportements autodéterminés et un développement congruent de la personnalité.

• Les individus qui déploient une *orientation contrôlée* agissent plutôt en fonction des exigences de l'environnement (récompenses, échéances, culpabilité). Cette orientation est liée à la motivation contrôlée et à une « conscience de soi publique » (désirabilité sociale, regard de l'autre). Elle engendre des comportements défensifs tels que l'hostilité, la justification, la compétitivité et l'impatience, et des conséquences psychologiques négatives comme l'anxiété, le stress et l'estime conditionnée.

9. Pour plus d'informations, cf. notamment Lam, Chak Fu et Gurland, Suzanne, « Self-Determined Work Motivation Predicts Job Outcomes », *Journal of Research in Personality*, vol. XLII, n° 4, août 2008, p. 1109-1115 ; Vansteenkiste, Maarten *et al.*, « *On the Relations Among Work Value Orientations, Psychological Need Satisfaction and Job Outcomes* », *Journal of Occupational and Organizational Psychology*, vol. LXXX, n° 2, juin 2007, p. 251-277.

- L'*orientation impersonnelle* s'observe chez les personnes qui relient l'atteinte de résultats à des forces extérieures, comme la chance ou le destin, plutôt qu'à leur travail ou à leurs actions.

Ces différences individuelles sont fortement influencées par la qualité des interactions sociales. Notre identité se construit à partir de nos expériences de vie, et notre nature d'orientation causale peut évoluer en fonction du contexte rencontré. Un environnement social satisfaisant nos besoins fondamentaux (en particulier celui d'autonomie) favorise une orientation causale autonome, prédictive d'auto-actualisation, de bien-être et de poursuite d'aspirations intrinsèques.

De fait, les organisations bénéficieraient grandement de la formation de leurs managers afin qu'ils soutiennent l'autonomie des collaborateurs, car le style interpersonnel du superviseur (contrôlant *vs* « autonomisant ») joue un rôle central dans l'émergence et le maintien d'une motivation autonome, dans la poursuite de buts intrinsèques *vs* extrinsèques ainsi que dans l'adoption de comportements collaboratifs ou individualistes.

En conclusion des chapitres I, II et III, le tableau ci-après regroupe les types de comportements susceptibles de soutenir ou d'entraver les besoins de compétence, de relation et d'autonomie.

Schéma 16 : Lien entre comportements du superviseur (enseignant, manager, entraineur, parent, thérapeute...) et qualité des besoins psychologiques fondamentaux du supervisé (élève, employé, sportif, enfant, patient...)

Comportements soutenant les besoins psychologiques	Besoins psychologiques	Comportements menaçant les besoins psychologiques
Soutien de l'autonomie · Identifier et nourrir les ressources motivationnelles internes (intérêts, préférences, etc.) ; · Utiliser un langage flexible (aider à la résolution de problèmes) ; · Fournir des explications (sur les tâches, les règles, etc.) ; · Reconnaître et accepter les difficultés et l'expression d'affects négatifs ; · Donner des choix véritables	**Autonomie** Besoin de se sentir à l'origine de ses actions plutôt qu'un simple « pion » contrôlé par d'autres	**Contrôle** · Recourir à des sources extérieures de motivation (directives, promesses de récompense, menaces de punitions, etc.) ; · Utiliser un langage induisant la pression ou la culpabilité ; · Négliger de donner des explications ; · User de son pouvoir pour mettre un terme aux plaintes et à l'expression de frustrations
Structure · Communiquer des attentes et des consignes claires ; · Proposer des tâches adaptées aux possibilités de chacun ; · Donner des encouragements, des contenus, des conseils pour progresser ; · Délivrer des feedbacks pertinents et consistants	**Compétence** Besoin de se sentir efficace dans ses interactions avec l'environnement ou pour réussir les situations d'apprentissage proposées	**Chaos** · Ne pas communiquer d'attentes claires ; · Proposer des tâches inadaptées aux possibilités de chacun ; · Ne pas encourager ; · Délivrer des feedbacks non pertinents et inconsistants
Implication · Se préoccuper des problèmes, problèmes de l'autre ; · Posséder une connaissance minutieuse de l'autre (savoir ce qui leur arrive les jours avec ou les jours sans) ; · Exprimer l'affection, des liens, de la compréhension ; · Partager des ressources personnelles, comme le temps, l'énergie, l'intérêt, et le soutien affectif	**Proximité sociale** Besoin d'être connecté à d'autres personnes, de recevoir de l'attention de la part de celles-ci, d'appartenir à un groupe social	**Négligence** · Être indifférent aux problèmes de l'autre ; · Ne pas s'occuper des autres ; · Exprimer de la froideur voire du rejet, de l'hostilité

Chapitre 4

Finalité et *framework* : *fondations de la dynamique collective*

Le « chaînage » qualité de l'environnement – satisfaction des besoins fondamentaux – nature motivationnelle – types de buts influe sur l'épanouissement, la santé et la performance des individus. Intégrer à cette dynamique les maillons *finalité* et *framework* renforce significativement la solidité de l'ensemble.

La notion de finalité a été abordée en filigrane dans cet ouvrage. Elle se rapporte au sens que nous donnons à l'action et concerne la capacité de l'environnement et des individus à déterminer des buts fédérateurs, dépassant leur simple intérêt individuel.

Le *framework*, quant à lui, fixe les règles de fonctionnement du groupe tout en donnant le ton de la dynamique collective. Il induit la création d'un cadre de collaboration dans lequel les individus, en sécurité, prendront la responsabilité de leurs actions.

I. La finalité : noyau de l'action commune

Comme détaillé en première partie, le capitalisme et la motivation par la récompense connaissent d'importantes limites, que ce soit vis-à-vis de notre nature profonde ou de l'impact planétaire. La destruction massive de la biodiversité et l'épuisement effréné de notre planète, couplés à l'illusion d'une croissance permanente, ne sont plus tenables. C'est d'ailleurs ce que souligne Jean-Marc Jancovici dans la préface de la réédition du rapport Meadows[1] : « [...] Tant que nous poursuivons un objectif de croissance économique “perpétuelle”, nous pouvons être aussi optimistes que nous le voulons sur le stock initial de ressources et la vitesse du progrès technique, le système finira par s'effondrer sur lui-même au cours du XXIe siècle. »

Instaurer une motivation par la finalité offre de sortir de notre modèle mécaniste pour reféconder notre pensée au regard des enjeux écologiques, et de favoriser une action individuelle et collective plus responsable. Le journaliste américain Daniel H. Pink, qui traite également de l'importance de la finalité, souligne à cet égard : « Les gens autonomes et compétents sont des gens brillants mais, lorsqu'ils s'engagent vers une finalité plus grande qu'eux, alors ils peuvent atteindre des résultats encore plus considérables. Les personnes les plus profondément motivées et productives mettent leurs désirs au service d'une cause qui les dépasse[2]. »

Cette finalité constitue ce supplément d'âme ayant animé et animant nombre d'entrepreneurs à succès, au niveau local ou mondial. Ainsi, la couturière Coco Channel voulait

---

1. Meadows, Dennis, Meadows, Donella et Randers, Jorgen, *Les limites à la croissance (dans un monde fini)*, Paris, Écopoche, 2012.

2. Pink, Daniel, *La vérité sur ce qui nous motive*, Paris, Flammarion, coll. « La Clé des Champs », 2016, p. 175.

libérer une femme prisonnière de tenues et carcans sociétaux rigides. Steve Jobs était animé par l'innovation et la disruption de la société, quand Walt Disney souhaitait enchanter le monde. Bien sûr, ils ont connu la richesse et la célébrité, mais leur action quotidienne était guidée par ce souhait de matérialiser un rêve qui dépassait leur gloire personnelle. Depuis la nuit des temps, nous sommes animés par la quête de sens. Ce qui mobilise les énergies humaines et permet des avancées majeures socialement, technologiquement ou politiquement repose avant tout sur cette notion de finalité et sur notre soif d'exploration. En tant que collaborateurs, c'est bien lorsque nous avons l'impression de participer à une cause qui nous dépasse et d'être utiles à la communauté que nous nous engageons pleinement dans le projet et faisons preuve de comportements responsables. En se concentrant sur des objectifs purement quantitatifs, tels que l'augmentation des marges opérationnelles et la maximisation du profit, les organisations se trompent, car les données chiffrées, trop abstraites, n'ont pas le pouvoir de mobiliser les énergies humaines et de nous fédérer sur le long terme.

Si les dirigeants des organisations donnent à leurs personnels quelque chose en quoi croire, un but qui rencontre leurs valeurs profondes, ces derniers donneront le meilleur d'eux-mêmes pour la réalisation de cette finalité tout en ayant un sentiment de gratitude et de bien-être. Bien sûr, le profit est indispensable à l'entreprise pour innover, payer ses salariés et assurer sa pérennité. Cependant, au vu de la situation dégradée actuelle (épuisement planétaire, difficulté de recrutement, désengagement et faible fidélité des salariés), les entreprises à but lucratif auraient tout intérêt à mettre en place une configuration visant à bâtir des cathédrales plutôt qu'à simplement casser des tas de cailloux[3]. Pour ce faire, il

3. En référence à la fable du casseur de cailloux attribuée à Charles Péguy.

convient d'opérer une inversion des priorités : le profit ne serait plus vu comme une fin en soi, mais comme le catalyseur de l'atteinte d'une finalité ambitieuse. Comme le dit Frédéric Laloux, résumant la pensée de plusieurs fondateurs d'entreprises opale : « Le profit est comme l'air que nous respirons. Nous avons besoin d'air pour vivre, mais nous ne vivons pas pour respirer[4]. »

Le paradoxe des entreprises à but lucratif, comme Patagonia, Buurtzorg ou Southwest Airlines, est que, sans avoir l'obsession de la maximisation du profit, elles affichent des taux de croissance extraordinaires et une image de marque très solide. Ces entreprises ont simplement accepté la croissance permanente comme une illusion et sont sorties de la spirale anxiogène du « toujours plus ».

Les dernières décennies ont vu se multiplier normes et règles éthiques dans les organisations. Pourtant, on ne constate aucune baisse des fraudes ni des manipulations. Il en est de même des *valeurs* affichées dans les salles de réunion et sur les sites Internet des entreprises, qui ne restent que de vains mots et des simulacres de principes directeurs. Ces grands discours sur la bienveillance, l'environnement, la responsabilité et le respect, censés guider l'action de l'organisation, sont systématiquement contredits par une réalité centrée sur l'unique profit et la réduction des coûts.

Le monde actuel sous-tend un management basé sur la volonté de prévoir et de contrôler. Bien que ce contrôle, qui revient à nier le principe de complexité du monde, soit une illusion, il est difficile de changer les mentalités. Faire évoluer les entreprises vers plus d'équilibre, entre finalité et profit, et vers la responsabilisation des salariés n'est pas toujours souhaité par les dirigeants ni par les organisations.

4. Laloux, 2015, p. 280.

Cependant, le remplacement progressif de la génération du baby-boom par une génération qui n'aura bientôt plus le choix, au vu de la dégradation accélérée de notre planète, offre une perspective intéressante pour sortir de la croissance à tout prix et nous orienter vers des finalités plus soucieuses de notre environnement et des individus. Selon Olivier Hamant, biologiste, directeur de recherche à l'Inrae et auteur de *La troisième voie du vivant*, la surexploitation des ressources à ce niveau n'est plus tenable, et nous sommes déjà dans un processus de basculement qui, espérons-le, nous fera sortir de la *performance* pour nous orienter vers la *robustesse*[5].

II. Le *framework*, cercle de sécurité des collaborateurs

En fonctionnant sur une vision idéalisée des affaires (plans à cinq ans, objectifs annuels…), en cherchant à supprimer l'aléatoire, pourtant immanent à toute action, les organisations s'éloignent de la réalité du monde et des acteurs de l'entreprise. Évaluer les résultats d'une action uniquement en fonction des objectifs initiaux arbitraires revient à nier la complexité d'un contexte mouvant et dynamique, influençant nos actions et le cours de nos vies. En agissant de la sorte, l'organisation met en place un cadre de collaboration (*framework*) incertain et déshumanisé.

Par ailleurs, l'implantation effrénée de concepts à la mode (agilité, leadership, écoresponsabilité, etc.) ou de grands idéaux (bien-être au travail, responsabilisation, diversité, etc.), sans prendre en compte la culture de l'entreprise et l'avis des collaborateurs, montre combien ces derniers ne sont pas la priorité.

5. Hamant, Olivier, *La troisième voie du vivant*, Odile Jacob, 2022. L'auteur suggère de passer d'un modèle de la performance, qui conduit à la dégradation de notre habitat, à un modèle de la robustesse, tiré de l'observation du vivant, permettant de maintenir une stabilité du système malgré ses fluctuations.

Un autre écueil pour une dynamique durable réside dans une forme de démission des dirigeants à l'heure d'implanter leur stratégie dans l'organisation. En effet, ces derniers font en général peser la concrétisation de leur vision idéalisée sur les managers, investis de l'entière responsabilité de sa mise en œuvre. Comme le souligne François Dupuy, « on s'aperçoit que le leader est d'autant plus mis en avant que la complexité de l'action collective est mal maîtrisée ». Les dirigeants préfèrent ainsi se délester de leur responsabilité première (l'instauration d'un cadre favorable à l'action collective), formant « leurs subordonnés à l'exercice du leadership en espérant que les qualités des individus compenseront l'absence d'un raisonnement construit sur le fonctionnement des organisations humaines[6] ».

Cette abstraction du discours et la priorité donnée aux chiffres s'accompagnent de la mise en place de véritables « bureaucraties administratives », qui visent à tout mettre sous contrôle et à s'assurer la paix sociale plutôt que l'éclosion de systèmes de management dynamiques. Ceci se manifeste par la multiplication des procédures budgétaires, l'empilement des KPI, la multiplication des *reportings* (dont le but est uniquement de rassurer les dirigeants), et la seule chose dont on soit sûr, c'est qu'ils détournent les acteurs de leur véritable mission et découragent les plus téméraires de toute initiative.

Cette tendance techno-bureaucratique occulte ce qui doit être l'essentiel de l'entreprise : l'innovation, le développement des collaborateurs, le pilotage effectif des opérations.

Le management par la confiance constitue, à n'en point douter, une alternative prometteuse et sensée à un management par le contrôle. En matière de succès, le sport nous montre que le fonctionnement optimum d'un groupe ne vient pas de la compétence de chacun de ses membres,

6. Dupuy, 2011, p. 10.

mais de la qualité de son action collective. Or, la qualité de cette action repose sur le degré de confiance que chaque individu est prêt à accorder aux autres membres du groupe. Chaque organisation tente de percer les mystères de la confiance sans chercher à comprendre réellement quels en sont les mécanismes. Comme le remarque encore François Dupuy, « elles en font une disposition d'esprit, donc l'individualisent, sans chercher à en voir les composantes "systémiques". Elles versent alors dans le volontarisme du "Fais-moi confiance..." qui ne suscite que de la méfiance[7] ». Or, cette confiance n'est jamais la conséquence d'une injonction, d'un trait de personnalité ou d'un rendez-vous unique, mais le résultat de trois facteurs interdépendants : le *contexte*, les *managers*, les *acteurs* du système.

Accepter le contexte incertain et changeant

En dématérialisant la relation (avec les effets induits de l'expérience de Milgram), en étant centrées sur l'immédiateté, la compétition et l'individualisme, les organisations créent un *framework* non sécuritaire, dans lequel nous pensons en premier lieu à nous protéger.

L'entreprise est un univers complexe, rempli de contrastes. Avant d'entamer une démarche de changement, il est nécessaire d'évaluer sa spécificité, son histoire, les enjeux, la personnalité de ses dirigeants, les jeux de pouvoir qui s'y trament. En un mot, il convient d'appréhender au plus juste son contexte pour augmenter (sans les garantir) les chances de succès d'une action visant à modifier les modes de fonctionnement et les pratiques managériales qui en découlent. Sortons également de l'illusion du leader-tout-puissant, embauché pour « faire changer les choses et qui y parviendra (à coup sûr) pour peu qu'il perçoive

7. Dupuy, 2011, p. 171-172.

une juste rétribution et qu'il ait connu des réussites dans des expériences similaires ». Pour les plus sceptiques, les récents échecs de l'entraîneur Carlo Ancelotti au Paris Saint-Germain illustrent cette imbrication entre qualité du leadership et culture d'entreprise, et l'importance du contexte dans les notions d'échec et de succès.

La possibilité d'un changement résulte souvent d'une modification de l'environnement de l'organisation. Ainsi, l'entrée d'un nouvel acteur sur le marché ou la commercialisation d'un produit innovant, simplifiant la vie des individus[8], peuvent représenter un potentiel favorable à une évolution des modes de fonctionnement. Les entreprises qui refusent d'intégrer les changements dans leur manière d'opérer adoptent en général une politique suicidaire. Par exemple, Nokia et BlackBerry, repliées sur leur vision idéalisée, ont rejeté le passage du téléphone au smartphone, et Kodak, leader dans le secteur de la photo, a nié la révolution numérique, avec les conséquences que l'on connaît.

Or, désormais, les entreprises ne font plus face à la seule menace concurrentielle ou technologique. Elles doivent également relever le défi humain qui se présente à elles tout en sachant que les méthodes qu'elles utilisaient (contrôle et récompenses) ne fonctionnent plus. Cette prégnance du contexte dans la qualité de l'action collective rend caduques, selon moi, les solutions standardisées des cabinets de *consulting*, qui épousent les tendances du moment[9] : « Après L'importance du *leader* et de l'*empowerment des années 2000* ainsi que *des concepts d'agilité* et de *marque employeur* des

8. Citons, par exemple, la capsule Nespresso, l'iPhone, Netflix, l'appareil photo numérique, la dématérialisation de la musique.

9. Ces concepts à la mode sont analysés par mon collègue Christophe Genoud dans *Leadership, agilité, bonheur au travail… bullshit !* Paris, Vuibert, avril 2023.

années 2010, la nouvelle décennie nous martèle d'embrasser la qualité de vie au travail (QVT) et les fameux *soft skills.* »

Comme exposé en introduction de cette troisième partie, tout ajustement organisationnel nécessite de prendre un temps d'observation pour passer d'une connaissance intuitive à une connaissance élaborée[10], et ainsi proposer des solutions adaptées à la situation tout en intégrant culture d'entreprise, personnalité des dirigeants et maturité des collaborateurs.

Une tentative illusoire des organisations, en plus de vouloir réduire la complexité, est de nier la notion de risque. Cependant, comme l'énonce si élégamment Edgar Morin, éliminer le risque, c'est nier le principe même de l'existence. De nombreux auteurs le soulignent : « [...] Les objectifs sont problématiques pour trois raisons au minimum : ils reposent sur le postulat que nous pouvons prévoir l'avenir, ils pervertissent notre motivation en la faisant dépendre de l'extérieur et ils réduisent notre capacité à être sensible aux possibilités nouvelles qui se présentent. La vie est si complexe, les événements et le contexte changent si vite que la définition d'objectifs est un jeu de devinettes[11] [...] »

La création d'un cadre de sécurité repose sur cette interdépendance entre le contexte, les acteurs du système et ses leaders.

Une action importante, souvent négligée, est l'instauration et le respect de *principes directeurs stables*, qui régulent de manière implicite et explicite la dynamique du groupe. Peu nombreux, évolutifs, ils orientent les comportements,

---

10. Dans le dernier tome de sa trilogie *Lost in management*, François Dupuy détaille les outils sociologiques pour acquérir une connaissance élaborée (interviews, questionnaires, l'observation du terrain), et surtout la qualité d'analyse des indices récoltés.

11. Laloux, 2015, p. 301.

les décisions et les choix. Cette « charte » se situe sur un autre plan que l'inflexibilité des règles et des procédures, qui contraignent les individus, ou que le vague concept des valeurs censées régir la vie collective. Pour chaque principe directeur retenu, un travail collaboratif d'explicitation est réalisé avant d'être traduit en comportements observables afin qu'une personne extérieure à l'entreprise puisse les décrire et les nommer. C'est ce double travail (explicitation et comportements) qui permet de sortir de l'abstraction et qui rend les « règles du jeu » concrètes et acceptables. Lors d'un accompagnement réalisé en 2022, le mot « respect » a été retenu comme principe directeur. Le travail d'explicitation a permis de faire ressortir « respect de soi, des autres et du matériel », ainsi que les notions de « tolérance » et de « prendre soin ». La traduction en comportements observables a donné : « Nous avons tous un avis intéressant à écouter, il est important de favoriser le questionnement à la critique, interdisons le sarcasme et la moquerie, nettoyons les outils après usage et organisons des temps dédiés pour ranger l'atelier. »

Soulignons enfin que le respect de ces principes directeurs est de la responsabilité de tous et qu'ils sont biodégradables, c'est-à-dire qu'ils évoluent selon la mission, le contexte et les membres du groupe. Les rencontres semestrielles ainsi que les moments relationnels privilégiés favorisent une évolution pertinente *du framework*.

Ce processus, qui nourrit nos besoins d'autonomie, de compétence et de relation, permet au niveau global de renverser en partie la pyramide hiérarchique des décisions. En effet, l'entreprise connaît le même penchant que l'État : une centralisation exacerbée de l'élaboration des stratégies et des prises de décisions. Ces pratiques rigides laissent peu de place aux acteurs de terrain, même dans les start-up, où la confiance des premiers pas cède rapidement sa place à la structuration, à la hiérarchisation et au contrôle. Cette profusion de règles et d'indicateurs de mesure ne laisse plus grand-chose au manager de proximité, à part cette dure réalité de la réunionite et du *reporting*, aigus et quotidiens.

L'intelligence de l'acteur

Redonner l'autorité aux personnes responsables de mener l'action n'est pas une démarche évidente, car elle remet en cause l'équilibre des pouvoirs. Une quelconque incantation sur la nécessité de se faire confiance a peu de chance de réussir si les individus à qui l'on demande de « faire confiance » ont l'impression de perdre quelque chose.

Dans toute démarche de changement, la question centrale est de savoir ce qui incite les acteurs à adopter d'autres comportements. En la matière, comme nous l'avons vu, « le comportement humain a fortement tendance à dépendre du contexte. L'un des enseignements majeurs de la recherche moderne en psychologie est la force impressionnante qu'exerce la situation, alors que nous persistons à sous-estimer cette force par rapport à l'influence présumée des intentions et des caractéristiques des individus[12] ».

Il est crucial de permettre aux individus de se poser des questions et d'obtenir des réponses dans quatre champs[13]. Le premier champ concerne la motivation et se rattache aux sentiments d'autonomie et de relation. L'individu se pose une question évidente : « Ai-je *envie* de faire ce que l'on me demande ? » Il existe de nombreux leviers, déjà évoqués, pour développer l'envie de participer à un projet : donner du sens, créer un espace pour répondre aux interrogations, encourager, faire preuve d'exemplarité managériale, jouer

12. Eldar Shafir, cité dans Morieux et Tollman, 2014.
13. Pour plus d'informations, cf. Tonnelé, Arnaud, *65 outils pour accompagner le changement individuel et collectif*, Paris, Eyrolles, 2011, p. 202.

sur le climat social... Ce premier levier est important, car, sans envie, difficile de lancer une dynamique de changement.

En tant qu'animal rationnel, l'individu se pose ensuite la question de l'intérêt : « Ai-je *intérêt* à faire ce que l'on me demande ? » Cette question concerne le champ de la reconnaissance en général. Chaque personne, au regard de son histoire, de sa situation et de ses envies, pèse le pour et le contre de l'action à mener. Plus il y aura d'éléments attractifs (rétribution, reconnaissance, perspective d'évolution, éloignement d'un danger comme le licenciement, la fermeture), plus les personnes s'inscriront volontairement dans la démarche.

En troisième lieu vient la question du savoir-faire, que l'on peut rattacher au sentiment de compétence : « Vais-je *savoir* faire ce que l'on me demande ? » Toute phase de changement implique généralement un redécoupage des métiers, des responsabilités et des zones d'influence. Ces redéfinitions demandent la mise en place de programmes de formation technique, de mentorat, de coaching, d'ateliers variés, destinés à renforcer le sentiment de compétence des participants.

Enfin, le quatrième champ, souvent délaissé par les entreprises et les dirigeants, concerne le pouvoir de faire : « *Puis-je* faire ce que l'on me demande ? » Répondre à cette question, qui relève du champ organisationnel (système, procédures...), est crucial pour éviter les paradoxes entre réalité d'organisation et démarche de transformation. Ainsi, lancer une démarche d'*empowerment* sans remettre en cause le processus de décision centralisée est une ineptie, comme la volonté d'implanter la transversalité dans une société fonctionnant selon une culture du silo.

François Dupuy insiste : « La vie des organisations est fort complexe : on peut à la fois demander à ce que les contraintes qui pèsent sur l'initiative individuelle soient levées et demander aux "bureaucraties intermédiaires" qu'elles fournissent des chiffres clairs et fiables, des statistiques toujours plus raffinées ; toutes choses qui vont réintroduire en douce de la règle et du contrôle. On commence à entrevoir pourquoi la confiance dépasse la dimension simpliste des qualités individuelles toujours naïvement mises en évidence et prend la dimension systémique annoncée[14]. »

Le leader P.E.R.E.

Tressé au contexte, le rôle de l'*encadrement*[15] est essentiel dans toute dynamique individuelle et collective. Comme expliqué précédemment, une organisation ne peut fonctionner sur un mode de pensée plus complexe que celui de son dirigeant. Ce dernier (comme le management intermédiaire) joue un rôle central dans l'instauration d'un cadre de confiance et de responsabilisation ou d'autorité et de contrôle. Aussi, il semble illusoire de vouloir instaurer une culture de la coopération dans une organisation où le dirigeant fonctionne sur un mode individualiste tant la concordance entre son système de valeurs, ses croyances et le *framework* mis en place est forte.

N'en déplaise aux discours généralistes et abstraits, il n'existe pas un « en soi » de la confiance applicable à toutes les équipes. Chaque encadrant doit accompagner sa mise en place en étant attentif à un certain nombre de comportements, regroupés sous l'acronyme P.E.R.E. (prévisibilité, exemplarité, responsabilité, équité).

---

14. Dupuy, 2015, p. 177.
15. L'encadrement comprend toute personne en position d'autorité, ayant une influence sur l'action collective (manager, directeur, dirigeant, professeur…)

Le premier comportement indispensable est la *prévisibilité*[16], qui consiste à réduire l'incertitude de son comportement au quotidien. Ainsi, un manager qui donne des réponses différentes à une même question ou change d'avis sans raison sur un sujet d'une semaine sur l'autre devient imprévisible. Cette imprévisibilité empêche la confiance et toute coopération naturelle. Dans le meilleur des cas, les collaborateurs accorderont peu de crédit au *chef* ou éviteront de le solliciter pour se protéger et garder une marge de manœuvre. Dans le pire des cas, cette insécurité récurrente aboutira à une perte de contrôle du système, régulé par les jeux de pouvoir et des attitudes défensives ou manipulatoires des acteurs.

Cette prévisibilité des comportements n'est cependant pas simple à instaurer. François Dupuy, toujours lui, précise que « la confiance ne peut être qu'au prix d'une réduction du pouvoir de chacun[17] ». En effet, le pouvoir d'une personne n'est pas lié à sa position hiérarchique, mais « dépend des incertitudes que l'on contrôle sur d'autres acteurs ou sur l'organisation[18] ». Instaurer la prévisibilité demande donc à chacun un travail vis-à-vis de sa relation à son statut social. Les leaders poursuivant des buts intrinsèques auront plus de facilités à renoncer à leur pouvoir et à adopter des comportements *éthiques*, propices à la confiance, que ceux cherchant la gloire, le pouvoir et la richesse.

Le deuxième comportement indispensable est l'*exemplarité*, qui consiste à maintenir, dans une marge acceptable, l'écart entre discours et réalité observée. Pour le dire

16. J'emprunte avec bonheur cette notion de prévisibilité à François Dupuy, qui l'expose dans différents livres, dont sa trilogie *Lost in management*, aux éditions du Seuil.
17. Dupuy, 2020, p. 190.
18. *Ibid.*, p. 191.

autrement, un manager, quel que soit son titre dans l'organisation, doit incarner au quotidien le discours qu'il prône. C'est cet alignement entre comportements et discours qui génère en retour le respect et la confiance des collaborateurs. C'est ainsi que, le *respect* et l'*équité* ayant été fixés comme principes directeurs de notre fonctionnement chez Red Bull, je n'ai pas eu d'autre choix que de renoncer à ma place de parking et à mon bureau d'angle.

Le troisième comportement important est l'*équité*. En effet, un cadre sans équité crée des sentiments d'injustice et impose des rapports basés sur l'interaction subjective et l'amour conditionné. Dans ce genre de système, où le préféré du jour devient le banni du lendemain, la notion de confiance ne repose sur rien, et l'action collective se résume à une action individuelle pour s'attirer les bonnes grâces du chef. L'équité est difficile à appliquer, car elle doit guider chaque décision, quel que soit le domaine. Par exemple, lorsqu'un manager interdit de manger dans les bureaux, il doit l'appliquer à tous les salariés sans exception. De même, lorsque Carlos Tavares (CEO de Stellantis) s'octroie une rémunération exorbitante tout en proposant une augmentation de 3,2 % à ses salariés, il ne fait preuve ni d'exemplarité ni d'équité, fragilisant l'organisation, comme cela a été le cas chez Renault durant l'ère Ghosn.

Le quatrième comportement nécessaire est la *responsabilité,* souvent écartée par les organisations et les leaders, car demandant un fort courage managérial. Les personnes en position d'autorité doivent tout faire pour garantir le respect des règles qui permettent une action collective productive, en particulier en sanctionnant les comportements qui les remettent en cause. Cela implique de répondre non comme on le souhaite, mais comme il se doit afin de protéger l'intérêt du groupe. Sir Alex Ferguson, le célèbre entraîneur qui a fait de Manchester United le club le plus titré d'Angleterre, avec 35 titres en 27 ans, est sans concession sur le sujet : « Vous devez vous demander si certains joueurs affectent l'ambiance du vestiaire, la performance de l'équipe et votre autorité sur les joueurs ou le *staff*. Si c'est le cas, vous devez couper la corde. Il n'y a aucune autre manière de faire. Cela n'a aucune importance qu'il s'agisse du meilleur joueur du monde. La vision à long terme du club est plus importante qu'un individu[19] ». C'est ainsi que, pour les collaborateurs récalcitrants, ceux que l'institut Gallup nomme « les activement désengagés », ils portent en eux leur mal-être et ont une influence négative sur le groupe. Par conséquent, s'ils ne souhaitent pas adhérer au projet et si leurs comportements nuisent à l'ambiance du groupe et à l'action collective, il faut s'en séparer au plus vite. Ceci envoie non seulement un signal positif aux plus engagés, mais peut faire bouger les indécis et les remettre dans une dynamique positive.

Les comportements du leader indiquent aux salariés s'ils peuvent ou non faire confiance au système. Malheureusement, de nombreuses organisations, recherchant davantage l'obéissance et la paix sociale que l'esprit d'initiative et l'autonomie, s'accrochent à des pratiques contrôlantes, antinomiques avec un management qualitatif. Cet enchevêtrement de règles et de procédures provoque des injonctions paradoxales, qui auto-alimentent des dangers à l'intérieur du système et rendent impossible l'instauration de la confiance.

Enfin, le *framework* doit nous offrir des espaces permettant de développer une connaissance approfondie de nous-mêmes et des autres, ainsi que des moments pour comprendre l'impact de nos comportements sur la

19. Elberse, Anita, « Ferguson's Formula », sur Harvard Business Review, oct. 2013 (disponible en ligne).

dynamique collective. Plus nous prenons conscience de nos modes de fonctionnement, exprimons nos attentes et faisons évoluer nos croyances, plus nous renforçons nos sentiments de compétence et d'appartenance, et nous engageons pleinement dans l'action.

Créer des moments « ritualisés », permettant aux personnes de se dévoiler dans leur entièreté, se révèle porteur. *Hinterland* est un exemple d'outil pertinent pour raconter son histoire et renforcer les liens. Dans cet atelier, les participants se mettent en binôme et échangent sur les phases marquantes de leur vie. Celui qui écoute sert dans un premier temps de creuset à celui qui se livre, puis rapporte aux autres participants les éléments les plus marquants de l'échange tout en protégeant celui qui s'est exprimé.

Le conflit est également une composante prégnante de la vie d'une organisation. Aucun couple, aucune équipe, aucun groupe ne vit dans le temps sans passer, de manière récurrente, par des phases difficiles. Si le conflit est inévitable, les comportements égotiques, les jugements moraux ou les dénigrements peuvent être évités. La *confrontation*, focalisée sur le débat d'idées, fait avancer le groupe tandis que l'*affrontement*, centré sur une lutte d'ego, est néfaste pour le collectif, car il est uniquement orienté vers le fait d'asseoir une position de supériorité.

Bien qu'exceptionnel, le conflit est utile à la bonne marche du groupe. Il est important de l'encadrer pour aider les acteurs à s'orienter vers la recherche de solutions plutôt que de persister dans la justification ou l'accusation et de promouvoir l'authenticité et la liberté de parole.

Ce chapitre nous a permis de comprendre comment la poursuite d'une finalité porteuse de sens et l'instauration d'un framework sécurisé sont favorables à la confiance et à la sécurité psychologique des salariés. Lorsque ce cadre constitue, comme nous allons le voir dans le dernier chapitre, un potentiel favorable à l'expression de nos « talents », il ouvre des perspectives insoupçonnées au niveau individuel et collectif.

Chapitre 5

Les talents : source d'épanouissement

Dernier chapitre et non des moindres : celui des talents. Cette chimère après laquelle chaque entreprise prétend courir : « attirer les talents », « gérer les talents », « gagner la bataille des talents ». Voici le challenge de l'organisation moderne. Et si beaucoup en parlent, peu savent où commencer et comment s'y prendre.

En effet, enfermées dans une vision conceptuelle et identitaire des talents, les organisations privées et publiques égrènent, depuis des décennies, des actions inefficaces autant que contre-productives. L'une des dernières initiatives en date est la création de fonctions de « gestionnaires et directeurs de talents », qui ne produisent aucun résultat utile, les personnes responsables de ces programmes n'ayant qu'une vision parcellaire et souvent incorrecte du sujet, et une formation plus que limitée.

En effet, et contrairement à la croyance populaire, le talent ne s'attire pas plus qu'il ne se gère. Il se détecte par observation et s'actualise dans une configuration spécifique. L'homme n'a donc pas de talent, mais en produit – ce qui change tout.

I. : Ah ! Je vous sens en forme pour ce dernier chapitre.

F. : Effectivement !

I. : En quoi le sujet des talents est utile pour reféconder les organisations et ressourcer les individus ?

F. : Sortir d'une catégorisation stérile à laquelle nous sommes enchaînés dès notre enfance, orienter les individus vers des métiers en adéquation avec leurs aptitudes naturelles et favoriser une motivation qualitative.

I., s'adressant à une douzaine de personnes dans la chambre : *Allez, les amis, on s'installe pour la dernière séance et on reféconde le système !*

Pour traiter du sujet des talents, je prends appui sur les travaux du sémiologue et anthropologue Yves Richez[1], avec qui je collabore régulièrement depuis 2017. Son approche novatrice et utile, notamment sur les questions de potentiel, de configuration et de talents, s'enracine, depuis 25 ans, dans l'observation de la réalité. Ainsi, il prend « le contre-pied des dogmes simplistes, des slogans sommaires et des recettes publicitaires à bas coût de sagesse individuelle si largement diffusés de nos jours[2] ».

Sa « théorie des MO.O.N. » est une nouvelle manière de regarder (et non de penser) les activités humaines, une approche transdisciplinaire et transculturelle à l'écart des concepts classiques « ontologisants », qui guident la pensée occidentale depuis la Grèce antique.

1. Richez, Yves, « Stratégie d'actualisation des potentiels entre la mètis grecque et le che chinois », thèse de doctorat, 4 avr. 2016, publiée sous le titre *Détection et développement des talents en entreprise*, Paris, ISTE, 2017.
2. Avant-propos de Chartier, Pierre, dans Richez, 2017, p. 13.

I. À la recherche d'un monde perdu

Depuis deux mille ans, notre société se focalise sur le savoir et la vérité plutôt que sur la connaissance et la réalité. L'objectif principal n'est plus de développer une connaissance toujours plus élaborée sur différents sujets, mais d'imposer sa vision réductrice du monde.

Le talent, à l'instar de l'intelligence et de la « douance », s'est trouvé assiégé (pour ne pas dire « aspiré ») par le référentiel de « l'être ». Les définitions de ce mot sont en effet conceptuelles et centrées sur la personne. Que ce soit dans les dictionnaires *Larousse* et *Le Robert* ou dans les ouvrages plus spécifiques (comme *Le management des talents* de Pierre Miralles ou *La gestion des talents* de Cécile Dejoux et Maurice Thévenet), ce terme est abordé comme une capacité, une excellence, une aptitude particulière, un don remarquable pour réaliser quelque chose. Tout cet enchevêtrement de mots abstraits et généralistes ne montre ni ce que le talent produit concrètement ni comment il s'observe.

En devenant ainsi une propriété de la personne, il est devenu un objet que l'on ne questionne plus. Dans le langage courant, « le talent, c'est évident, est remarquable[3] ». Il rime avec le concept de « surdouance », de génie, de brillance. Or, le danger d'une évidence est d'interdire le questionnement, de s'appauvrir et de conduire à un immobilisme de la pensée antinomique avec le ressourcement des individus et des organisations – enjeu pourtant majeur de cette première partie du XXIe siècle.

En conceptualisant cette notion comme un attribut identitaire (« elle est talentueuse », « recrutons le talent de demain »), plutôt qu'un principe dynamique, un résultat issu de l'utilisation de facultés dans une configuration

3. Richez, 2017, p. 36.

spécifique, les organisations s'éloignent du champ de la performance.

Ces concepts n'apportent que peu, voire aucun élément concret sur la manière dont une personne s'y prend au quotidien pour produire le « talent » recherché, qu'il s'agisse d'analyse, de créativité, d'empathie ou de stratégie, par exemple.

Or, la réalité, plus complexe que le dernier concept à la mode, exige d'aborder une notion (comme la stratégie) sous l'angle opératoire plutôt qu'identitaire. Ainsi, recruter un soi-disant « stratège » sans déterminer les facultés qui permettent d'opérer en stratégie ni étudier le contexte où il va évoluer conduit à des évaluations aléatoires. Ainsi, celui qui opère en stratège, à l'instar d'Ulysse, de Steve Jobs ou de Dietrich Mateschitz, déploie notamment les facultés de percevoir les forces en action, de repérer les signaux faibles de l'environnement, de sentir les tendances, ou encore celles d'imiter, de ruser, de s'adapter à la réalité du terrain, de retourner les situations à son avantage. Ce sont ces facultés qui lui permettent de « disrupter » le marché, d'« innover » et d'obtenir la « victoire » dans nombre de cas.

Ici, nulle question d'analyse chiffrée, de *benchmarks* ou d'autres outils de gestion, mais la capacité à prendre un avantage concurrentiel certain, par corrélation de différents indices et tendances, comme l'ont fait en leur temps les fondateurs de Apple ou de Red Bull. Or, lorsque ces facultés du « stratège » s'observent chez plusieurs personnes considérées comme des référentes, la documentation d'un référentiel fiable devient possible. Il ne reste plus qu'à former les évaluateurs à les repérer en situation pour assurer une évaluation objective et contextualisée, et ainsi éviter les « erreurs de casting ». Les organisations, à des années-lumière de cette approche, restent ancrées dans l'utilisation de critères subjectifs et imprécis, qui changent en fonction de chaque évaluateur et conduisent à des jugements identitaires et inexacts.

Cette pente ontologique du talent trouve son origine dans une parabole religieuse[4] du Moyen Âge. À cette époque, le « talent » désigne une unité de mesure (*talenton* en grec) et une monnaie (talent d'or ou d'argent). Dans la parabole selon Matthieu, un maître donne des talents à trois serviteurs. De retour de voyage, il les questionne sur l'utilisation faite de ces talents. Les deux premiers sont félicités pour avoir fait fructifier la somme confiée. Le troisième, ayant négligé le précieux trésor en l'enterrant, est condamné aux « ténèbres extérieures ». Une parabole se compose d'une histoire (celle que je viens de vous conter) et d'un sens caché, à savoir que celui qui reçoit un don en est redevable à Dieu et s'oblige à le faire fructifier pour éviter l'enfer. Cette notion de redevabilité se retrouve dans notre quotidien : « Dans la réalité, il existe peu de cas où la personne détectée à potentiel rend à la société ce qu'elle a reçu. En effet, le collaborateur, le sportif ou le musicien détecté talentueux entre dans un "couloir" de montée en "compétences", dont le "plan" (*eidos*) organisé en *process* de gestion de talents est de lui permettre d'occuper un jour des fonctions "clés". Cependant, un tel plan est souvent mis à mal d'un côté comme de l'autre. En effet, ce que le plan ne prévoit pas, ce sont les fluctuations du réel. Être "*highpot*[5]" à trente-cinq ans peut sembler valorisant, et peut même flatter l'ego (l'idée que l'on se fait et que l'on exprime de sa "puissance"). En effet, être haut potentiel amalgame une possible réalité opératoire spécifique et une potentialité non disponible, car

4. Évangile selon Matthieu, chapitre 25, versets 14 à 30.

5. *High potential*, « haut potentiel », signifie être identifié (classé) comme *supérieur* aux autres (quel que soit le référentiel de lecture) et détenteur de facultés rares et remarquables. Le lecteur peut noter le côté conceptuel de cette définition. « Rare » et « remarquable » ne montrent rien de concret, mais renvoient à l'idée que chacun s'en fait.

projetée par d'autres sur l'avenir de ce dernier. Ainsi arrive l'âge critique de quarante-deux à quarante-quatre ans et le *highpot* n'ayant pas "prouvé" à l'entreprise qu'il pouvait occuper un poste "digne" de son statut, devient coupable et responsable de cet "échec". Il convient en effet de trouver un "responsable", c'est-à-dire, de trouver et de justifier la raison pour laquelle quelque chose n'a pas fonctionné. Dès lors que le "haut potentiel" n'a pas réussi ce que l'on attendait de lui, l'échec ne peut venir que de lui. En ce cas, soit on cherche à le "sauver" par un *coaching*, soit on estime que l'investissement est suffisant (donc plus rentable). Le *highpot* est coupable et responsable : "Il n'a pas su faire ce qu'il fallait" (n'a pas su "être", "dire"). Il n'a pas su saisir les opportunités proposées. C'est un piètre "kairologue" : il est incapable de saisir les bons moments. Les plans ont changé, "il n'a plus le bon profil, etc.". Qu'est-ce que cette réalité quotidienne dit, sinon que l'entreprise (ses acteurs) amalgame le potentiel, les facultés, les compétences, l'identité, le statut et les qualités (personnalité[6]) ? »

Fragilisé, le salarié « jeté aux enfers de l'organisation » doit commencer un travail sur lui pour comprendre ce qui est, forcément, son problème, « puisqu'il avait tout en lui ».

Notre modèle de pensée, depuis Platon et Aristote, jusqu'à la psychologie sociale du XVIIe siècle, s'appuie sur une image morale de « l'être tout-puissant », une conception du monde basée sur le jugement, la logique, la hiérarchie et la catégorisation au détriment du respect de la diversité humaine. Ce modèle, qui impose sa *Veritas* absolue, a justifié les conflits territoriaux et les guerres mondiales et de religion, ainsi que les politiques expansionnistes conduisant au massacre et à l'esclavage des Inuits, des Aborigènes, des Indiens d'Amérique et des peuples d'Afrique.

6. Richez, 2017, p. 91-92.

Notre société « moderne » est un héritage de ce fonctionnement médiéval. Aujourd'hui encore, cette vision idéalisée du monde guide toujours l'entreprise, l'école et la société dans l'évaluation des personnes, conduisant à des catégorisations contre-productives et arbitraires. Comme le montre Roland Gori, dans ses différents ouvrages, la tendance croissante de la supériorité de la norme, dans les différents aspects de nos vies, conduit à une standardisation des comportements, des pensées et des pratiques, au détriment de la singularité et de la créativité des individus.

II. Reféconder la question des talents

« Tout le monde est un génie. Mais si vous jugez un poisson sur ses capacités à grimper à un arbre, il passera toute sa vie à croire qu'il est stupide. »

Albert Einstein

La théorie des MO.O.N. comme base théorique

Cette citation résume l'essence des travaux scientifiques de Yves Richez sur le sujet des talents : observable – descriptible – évaluable – reproductible – plausible – évolutif.

Ce « chaînage » offre une base rigoureuse et sérieuse de travail qui, par nature, nous extrait :

- des catégorisations existentialistes (les surdoués, les hauts potentiels, les zèbres, les manuels, les intellectuels, etc.), qui « rangent » les individus dans des cases dont il n'est possible de sortir qu'au prix de grands efforts ;
- des concepts abstraits avec superlatifs, adverbes, qualificatifs (*hyper*sensible, *haut* potentiel, *sur*doué, etc.), qui favorisent peu l'observation factuelle (et donc scientifique) de ce que l'on nomme « talent » ;
- des approches généralistes (les leaders serviteurs, agiles, fédérateurs, etc.), qui fleurissent, chaque printemps,

le parterre des entreprises publiques et privées, et ne produisent que peu de résultats tangibles, balayés par le nouveau concept à venir.

La *théorie* est inductive. Elle se base sur « ce que l'observation du terrain et l'expérimentation proposent comme connaissance utile[7] ». Elle est donc biodégradable, évolutive et hypothétique. À l'inverse, le *concept* est d'ordre déductif. Il part de la pensée et « désigne le plus souvent une idée générale venant synthétiser des notions éparses[8] », notions qui seront justifiées *a posteriori* par la production de preuves (études, statistiques, thèses philosophiques, expériences...).

À titre d'exemple, les travaux menés par Charles Darwin, concernant l'évolution des espèces, sont à classer dans le champ de la théorie. Partant du réel, il décrit et documente ce que ses yeux observent de manière indifférente et curieuse. Il regroupe les informations et, par corrélation, pose des hypothèses plausibles non définitives, qui supportent la contradiction qu'offre le terrain. *A contrario*, la psychanalyse de Sigmund Freud, les thèses économistes de Milton Friedman, les religions du monde entier, de même que les notions d'intelligence ou de surdouance sont des concepts tournés vers l'abstraction et la généralisation, et l'instauration de normes en vue de catégoriser les individus.

Or, comme nous l'avons vu, « toute attitude de pensée visant à généraliser des données (issues de concepts) en vue de produire une norme ou des "facultés" humaines afin d'élaborer un modèle moral et social, participe à renforcer l'ensemble des processus générant de l'intolérance, de l'injustice, de la tension humaine et en conséquence, de la bêtise[9] ».

7. Richez, 2017, p. 24.
8. *Ibid.*
9. *Ibid.*, p. 33.

Cette pression sociale et culturelle, imposant ses normes et sa vision du monde, est aujourd'hui en grande partie responsable du manque de bouchers, d'infirmières, d'électriciens, de professeurs, de serveurs, de conducteurs. Le ferronnier et le prototypiste sont également en voie de disparition quand nombre d'ingénieurs, d'étudiants et d'autres diplômés s'assèchent dans des postes ou des études, à l'écart de leurs facultés naturelles. La présence encore acceptable de garagistes et de maçons ne traduit certainement pas un intérêt avéré d'une majorité de ces personnes pour leurs métiers (pourtant indispensables à la société), mais des « issues de secours » dans lesquelles elles sont parquées au regard de leurs « difficultés » au sein d'un système rigide et aveugle à l'hétérogénéité humaine.

Élaboré à travers le prisme de l'intelligence et de l'ascension sociale, ce système valorise les « vrais » métiers, c'est-à-dire les métiers intellectuels, rémunérateurs et socialement stables (avocat, médecin, notaire, directeur financier, responsable marketing...), et rejette de manière à peine cachée les « faux » et les « sous-métiers » (charpentier, musicien, guide, graphiste, dramaturge...).

Quid de l'évaluation de la maîtrise du mouvement, de la capacité à inventer une histoire, à observer les nuances dans un paysage ? Que faire de la faculté naturelle d'un enfant, d'un adolescent ou d'un adulte à interagir de manière fluide avec un groupe, à associer harmonieusement les couleurs, à reproduire des rythmes complexes, à dépasser des situations bloquantes, à être sensible au sens des mots... ? Ces questions ne se posent pas, puisqu'elles ne font même pas partie du référentiel de l'éducation ou des organisations, qui continuent de fonctionner sur une transmission classique et théorique, opérée par celui qui « sait », « le légitime » (le dirigeant, le professeur, le fameux expert covid-19).

Cette inadéquation entre un système éducatif et professionnel descendant et les aptitudes naturelles des individus conduit à une amotivation progressive de la société. Ce qui se traduit en particulier par des pertes de sens, des désengagements, des états dépressifs et une augmentation des tentatives de suicide. Dans cet état de lente et inexorable agonie, le système triche pour ne pas observer la réalité en face. À ce titre, l'Éducation nationale baisse le niveau de l'enseignement pour assurer des moyennes à un certain niveau et un classement convenable au niveau mondial.

La théorie des MO.O.N.[10] offre une alternative utile qui reconnaît la diversité humaine et l'utilité de chacun. À l'écart du « marche ou crève », de l'ascension sociale comme seule et unique porte de sortie, elle invite les individus à prendre conscience de leurs facultés naturelles et à examiner les champs, les activités et les rôles dans lesquels elles seront pleinement employées. Elle permet également aux organisations de bénéficier d'un champ utile pour l'orientation et la mobilité.

Ainsi, en délaissant le concept d'intelligence pour se baser sur les milliers de personnes observées dans le monde, l'on peut affirmer que :

- chaque individu déploie des facultés naturelles adaptées pour des métiers spécifiques ;
- tous les métiers sont utiles à la société ;
- une personne consciente de ce qu'elle produit naturellement s'ouvre des perspectives « ressourçantes » au niveau professionnel et personnel ;

---

10. Yves Richez a identifié dix modes opératoires naturels. Chacun d'entre eux, composé de plusieurs facultés naturelles spécifiques, est identifiable à partir de détails permettant de définir les habiletés et les prédispositions d'une personne pour telle ou telle activité (voir plus loin).

- lorsque ces facultés naturelles s'appuient sur un C.U.P. (configuration-utilité-potentiel[11]) favorable, elles produisent, de manière invariante, des résultats visibles et participent à un développement harmonieux des individus et de la société.

L'observation sur laquelle s'est construite la théorie des MO.O.N est diverse (humain, animal et végétal) et multiculturelle. Le travail rigoureux mené sur la pensée occidentale et chinoise, agrémenté d'expériences terrain régulières aux Philippines, en Inde ou en Europe, dans divers domaines, permet de poser des hypothèses applicables à l'humanité. Nous disposons dès lors d'une méthodologie en matière de détection et de potentialisation des *talents*, ouvrant un champ exploratoire sans précédent en matière d'épanouissement, de diversité et de performance.

La transdisciplinarité comme cadre de réflexion

La transdisciplinarité est essentielle pour espérer une bascule nécessaire. Proposée pour la première fois par Jean Piaget en 1970, cette posture scientifique et intellectuelle, « à la fois entre les disciplines, à travers les disciplines, et au-delà de toute discipline[12] », a pour finalité la compréhension du monde présent et l'unité de la connaissance.

Adoptée lors du Ier Congrès mondial de la transdisciplinarité[13] et rédigée par Lima de Freitas, Edgar Morin et Basarab Nicolescu, la charte de la transdisciplinarité s'oppose en partie au système actuel, dans lequel « la vie est lourdement menacée par une technoscience triomphante, n'obéissant

11. La notion de C.U.P. (configuration-utilité-potentiel) est développée dans les pages suivantes.

12. Nicolescu, Basarab, définition de la transdisciplinarité : https://ciret-transdisciplinarity.org/RocherHtm/lnicol.php.

13. Convento da Arrábida, 2-6 novembre 1994.

qu'à la logique effrayante de l'efficacité pour l'efficacité[14] ». Elle favorise la diversité et l'acceptation de la complexité. Des extraits de cette charte montrent son rôle en tant que garde-fou pertinent vis-à-vis des dogmes et des concepts simplistes.

« Article 1 : Toute tentative de réduire l'être humain à une définition et de le dissoudre dans des structures formelles, quelles qu'elles soient, est incompatible avec la vision transdisciplinaire. »

« Article 3 : La transdisciplinarité est complémentaire de l'approche disciplinaire ; elle fait émerger de la confrontation des disciplines de nouvelles données qui s'articulent entre elles ; et elle nous offre une nouvelle vision de la nature et de la réalité. La transdisciplinarité ne recherche pas la maîtrise de plusieurs disciplines, mais l'ouverture de toutes les disciplines à ce qui les traverse et les dépasse. »

« Article 5 : La vision transdisciplinaire est résolument ouverte dans la mesure où elle dépasse le domaine des sciences exactes par leur dialogue et leur réconciliation non seulement avec les sciences humaines mais aussi avec l'art, la littérature, la poésie et l'expérience intérieure. »

« Article 10 : Il n'y a pas un lieu culturel privilégié d'où l'on puisse juger les autres cultures. La démarche transdisciplinaire est elle-même transculturelle. »

« Article 12 : L'élaboration d'une économie transdisciplinaire est fondée sur le postulat que l'économie doit être au service de l'être humain et non l'inverse. »

« Article 14 : Rigueur, ouverture et tolérance sont les caractéristiques fondamentales de l'attitude et de la vision transdisciplinaires. La rigueur dans l'argumentation qui prend en compte toutes les données est le garde-fou à l'égard des dérives possibles. L'ouverture comporte l'acceptation de l'inconnu, de l'inattendu et de l'imprévisible. La tolérance

14. Troisième préambule de la charte de la transdisciplinarité ; https://ciret-transdisciplinarity.org/chart.php.

est la reconnaissance du droit aux idées et vérités contraires aux nôtres. »

Permettre ainsi aux individus de produire quotidiennement du talent ouvrira, j'en suis convaincu, un nouveau système où le profit ne sera ni le principal ni l'unique critère de décision. Quand une société offre à chaque personne la possibilité de se réaliser dans des activités où elle s'épanouit, l'argent n'est plus le Graal à atteindre. Ce cercle vertueux favorisera la biodiversité et pacifiera le monde.

Il devient donc urgent de reféconder la Société, car « le modèle de pensée de l'entreprise mais aussi de l'éducation, éreinté par cette *consumation* d'idées, conduit ces derniers à l'agonie[15] ». À l'instar de la « crise d'humanité » présentée par Edgar Morin dans son ouvrage *Sur la crise*, l'Occident connaît une crise profonde du talent.

III. Un monde retrouvé : le talent, un résultat observable

Pour ressourcer le sujet, il est nécessaire de dépasser la question : « Qu'est-ce que le talent ? » Ce qui nous entraîne sur une pente ontologique. Étant donné qu'« il n'y a de "talent" que s'il y a de l'observable[16] », il est plus pertinent d'examiner comment et où ce que l'on nomme « talent » se manifeste, et les résultats qu'il produit.

Une majorité de personnes observées ne savent pas décrire leurs facultés. Enfermées dans le modèle occidental de la pensée, elles décrivent qui elles sont (« Je suis rigoureuse, créative, empathique, intuitive… »), sans pouvoir

15. Richez, 2017, p. 23.
16. *Ibid.*, p. 25.

expliciter comment elles produisent de la rigueur, de la créativité, de l'empathie ou de l'intuition.

Prenons l'empathie comme exemple. Il ne s'agit pas d'un attribut de la personne, et encore moins d'un concept vaporeux, mais le résultat provenant de la capacité effective d'une personne à :

- observer, identifier, apprécier les micro-expressions et attitudes de son interlocuteur ;
- appréhender l'état, la réalité de l'autre en fonction de ce qu'elle perçoit ;
- ajuster en temps réel son comportement (voix, positionnement, contenu, gestes) pour éviter les malentendus.

Ces facultés, souvent inconscientes, génèrent une interaction fluide et des rapports pacifiés, que l'on nomme communément « empathie ». Cependant, une organisation ou un dirigeant qui demande à ses managers d'être empathiques sans s'assurer qu'ils possèdent ces capacités d'observation, d'appréhension et d'ajustement conduit souvent à l'échec.

C'est en permettant aux individus de conscientiser ce qu'ils font naturellement, puis en entraînant les facultés utiles au projet ou à l'objectif que l'on transforme profondément la relation qu'ils entretiennent vis-à-vis d'eux-mêmes, des autres et du monde. Cela permet de sortir de la subjectivité (« jugeante » par essence) pour entrer dans une objectivité apaisante.

I. : En fait, vous dites qu'il faut arrêter de dire qu'on est « comme ci ou comme ça », mais plutôt observer ce qu'on fait ou ce que l'autre fait, dans une situation, et ce que cela produit comme résultat.

F. : C'est cela. Faites-vous de la musique, Ilda ?

I. : Du piano. Mon professeur dit que je suis douée. C'est vrai, c'est facile.

F. : « Douée », « facile », termes génériques qui n'apportent aucun élément utile.

I. : Vous avez raison. Je ne suis pas plus avancée sur comment je m'y prends, ce qui fait que c'est facile et que j'y prends du plaisir.

F. : Prenons mon cas au tennis. Je déploie naturellement la faculté d'apprécier la vitesse et la trajectoire d'un objet en mouvement, ce qui me permet de me positionner facilement dans l'espace et le temps (anticipation). Je prépare donc mon geste dans le bon timing et renvoie la balle sans effort en ne mobilisant que le muscle ou la partie du corps nécessaire. En extrapolant à d'autres univers, je réalise que je conduis sans effort, que j'aime la sensation de couper les aliments dans la cuisine, d'utiliser mes doigts sur la guitare ou de peindre un mur sans faire de traces. Devenir conscient de ces facultés m'ouvre de nouvelles perspectives en matière d'activités (personnelles et professionnelles) plus intéressantes que « il est fort » ou « il a du talent ».

I. : Et alors, déployer ces facultés naturelles kinesthésiques sont utiles dans quels types de métier ?

F. : Dans les métiers qui exigent une précision du geste : bûcheron, luthier, chirurgien, conducteur, menuisier, sportif... mais également les activités qui induisent de l'esthétisme et de la fluidité, comme merchandiser, designer, logisticien, ainsi que l'événementiel. Cela couplé au MO.O.N. spatial, qui permet notamment de détourner des images, des idées ou des objets pour en produire de nouveaux, d'imaginer des mondes, réalistes ou non, je peux explorer les métiers du septième art, comme scénographe, costumier ou cadreur, et de la création, comme architecte, paysagiste, styliste, modéliste...

I. : En y repensant, j'ai toujours fait des petits costumes à mes poupées et j'aurais bien aimé être styliste.

À travers ce prisme, l'intuition, la vision et la créativité sont le résultat de différentes facultés naturelles rencontrant un contexte favorable.

Sur la base d'observations des facultés utilisées pour exercer un métier, les organisations pourront créer des référentiels utiles dans les champs de l'orientation, du recrutement, ou encore de la mobilité et de la performance.

Au niveau personnel, conscientiser sa manière d'opérer en situation et nommer précisément les facultés déployées apporte de l'apaisement et favorise l'épanouissement. En effet, une faculté qui est nommée devient palpable. Elle peut s'entraîner et se développer. L'entraînement permet une capitalisation de la mémoire, qui génère de la confiance, elle-même source de réalisation. Ce cercle vertueux éloigne favorablement les personnes de l'importance du regard de l'autre et renforce *de facto* leur sentiment de compétence et leur motivation autonome.

Schéma 17 : Roue des MO.O.N avec corrélations (COr) et cohérences (COh)

Chaque MO.O.N. s'appuie sur deux composantes cœur. La spatiale (5 sur la figure) combine ainsi les composantes cœur « émulatrice/extrapolative », permettant notamment « d'imaginer » des réalités plausibles, de créer, de combiner des univers distincts pour en produire de nouveaux. Chaque composante cœur renvoie elle-même à un certain nombre de facultés naturelles. C'est par l'observation de ce que produit une personne dans différentes situations et des facultés qu'elle utilise que nous pouvons poser l'hypothèse d'une disponibilité effective d'un ou de plusieurs MO.O.N chez une personne et l'accompagner dans sa conscientisation et son objectif.

L'enjeu n'est pas de comparer les individus et de comptabiliser les MO.O.N présents ou absents, mais de voir leur corrélation, leurs influences et les C.U.P. où ils pourront se déployer naturellement. Par exemple, la combinatoire MO.O.N. interpersonnel (interaction/empathie) et naturaliste (apprécier/classer) *renforce* la capacité d'observation et s'avère utile dans certains métiers comme vétérinaire, palefrenier ou DRH. De même, la combinatoire productive du MO.O.N. spatial (extrapoler/émuler) et du MO.O.N. linguistique (signifier/figurer) permet à Frank Herbert de créer le monde foisonnant de *Dune* et d'élaborer une nouvelle langue.

Les *talents specialists*, dont je fais partie, évaluent les modes opératoires naturels des personnes, puis les aident à définir les activités, rôles et métiers dans lesquels elles pourront les mobiliser quotidiennement. Soulignons que, plus une faculté est mobilisée au quotidien, plus elle se densifie, s'actualise et produit du résultat visible. C'est ainsi qu'une personne qui devient consciente de son MO.O.N linguistique pourra suivre des cours d'écriture, créer un blog ou intégrer dans ses fonctions des activités rédactionnelles. Ce faisant, elle transformera un mode opératoire naturel en mode opératoire intentionnel (MO.O.I).

IV. Accepter la complexité pour épanouir le monde

Le talent, principe dynamique, ne suit pas un chemin rectiligne et identitaire. Son actualisation nécessite la présence de trois forces externes cumulatives : la configuration, l'utilité et le potentiel (C.U.P.).

Pour comprendre cette notion de C.U.P., faisons un détour par le monde animal. Le guépard est le mammifère terrestre le plus rapide (110 km/h), capable de changements de direction spectaculaires. Or, ses facultés ne sont ni avantageuses ni utiles hors contexte. Pour montrer ses capacités, il a besoin de la savane, une *configuration* qui lui offre monticules pour observer, hautes herbes pour s'approcher, et terrain dégagé pour exploiter sa vitesse. Placé dans la jungle (configuration optimale pour le jaguar), le guépard peinerait à attraper ses proies et s'affaiblirait, ne pouvant déployer ses capacités de manière optimale.

Le monde des organisations produit des phénomènes similaires lors de mobilités internes ou dans des recrutements ratés. En effet, les personnes « bonnes » à des postes ne deviennent pas subitement « mauvaises » dans une autre fonction ou dans une autre société. Les nouvelles configurations rencontrées, par contre, peuvent s'avérer défavorables à l'expression de leurs facultés, engendrant incompréhension, souffrance et contre-productivité.

L'*utilité* joue un rôle « d'aimant » vis-à-vis des modes opératoires. Pour observer un MO.O.N., il faut examiner le résultat additionnel que la mission, le poste ou l'action apportera. Ainsi, le guépard utilisera ses facultés athlétiques pour se nourrir (faim) ou enseigner la chasse à ses petits (transmission). Sans cette *utilité*, le félin préférera se prélasser à l'ombre des heures durant.

Considérons un agent chargé de prévenir les actes de malveillance dans les lieux publics. L'utilité de sa mission est d'assurer la tranquillité des passants, de garantir un climat serein pour les travailleurs du lieu en question, et de préserver le patrimoine et l'image de marque de l'employeur. En sortant des fiches de postes imprécises pour s'orienter dans le champ opératoire, les capacités nécessaires incluent :

- utiliser des gestes et une sémantique appropriée selon les personnes rencontrées ;
- repérer des signaux de l'environnement pour évaluer une situation (ralentissement du flux des voyageurs, augmentation imperceptible du volume sonore des interactions...) ;
- décider rapidement et justement pour anticiper les actes de malveillance ;
- maîtriser ses émotions en diverses situations...

Imaginons qu'une personne, attirée par la logique et la morale, et moins sensible à l'adaptation rapide en situation, occupe ce poste. Placée dans un contexte conflictuel, elle pourrait, par des comportements rigides ou inappropriés, créer des tensions et provoquer un résultat contraire à la finalité de sa mission.

Enfin, traitons de la question du *potentiel* en tant que phénomène externe sur lequel les facultés prennent appui pour se déployer. Ainsi, l'altitude représente un potentiel favorable permettant au sauteur en longueur de planer plus longtemps, comme la covid-19 s'est révélée propice aux ventes à distance d'Amazon ou à Doctolib. Chaque organisation souhaitant favoriser le développement des talents, devrait évaluer en quoi son environnement constitue un potentiel favorable ou défavorable au déploiement des facultés naturelles d'une personne.

Pour les organisations, Yves Richez souligne que placer « la bonne personne au “mauvais” endroit est souvent une erreur tactique (ou une volonté de “nuire”). Pour les personnes, prendre un poste par obligation (alimentaire) alors que les MO.O.N. n’y sont pas utiles entraînera de la lassitude, et tôt ou tard, une forme de sénescence du “talent”, c’est-à-dire le “déclin” naturel des facultés, non par disparition de celles-ci, mais par le principe que les facultés dites actives diminuent (méthylation) pour retourner au stade du “latent[17]”. »

En combinant les travaux de la théorie de l’autodétermination et celle des MO.O.N., il devient possible de tisser un lien solide, dynamique et bidirectionnel entre facultés naturelles et qualité motivationnelle.

Si le C.U.P. joue un effet polarisateur sur nos modes opératoires, il génère également des conséquences positives sur la motivation autonome, car il stimule le dynamisme interne des êtres humains.

Prenons l’exemple d’une personne combinant des modes opératoires naturaliste et kinesthésique. Sensible à l’observation du réel, à l’appréciation des détails de la faune et de la flore (MO.O.N. naturaliste) et attirée par le mouvement, les couleurs et l’esthétisme (MO.O.N. kinesthésique), elle sera sensible à certains environnements. Imaginons-la déambulant dans un jardin, en été (configuration). Alors qu’elle remarquera l’apparition soudaine d’un papillon bigarré aux formes spécifiques (potentiel), cette situation (jardin/papillon) produira chez elle un trouble, puis une émotion particulière (excitation, joie, intérêt), l’incitant à se mettre en mouvement et générant, de ce fait, une motivation intrinsèque vis-à-vis de cette activité. Ceci se manifestera par l’envie ou le plaisir d’observer le mouvement et les couleurs du lépidoptère, d’apprécier certains détails, de prendre une

17. *Ibid.*, p. 100.

photo, de le dessiner ou de rechercher son espèce dans un livre (utilité). Motivée qualitativement par la situation rencontrée, cette personne pratiquera cette activité sans lassitude et expérimentera une énergie positive, pouvant aller jusqu'à une expérience optimale de vie, que le psychologue hongrois Mihály Csíkszentmihályi nomme le *flow*.

Comme le montre le schéma ci-dessous, la rencontre de nos facultés naturelles et d'un contexte favorable constitue un potentiel propice à la mise en mouvement des personnes et à l'apparition d'une motivation intrinsèque. Ce type de motivation encourage une pratique régulière, la montée en compétence (avec ou sans formation académique), et à terme, l'épanouissement.

Schéma 18 : Relation Modes opératoires et Motivation autonome

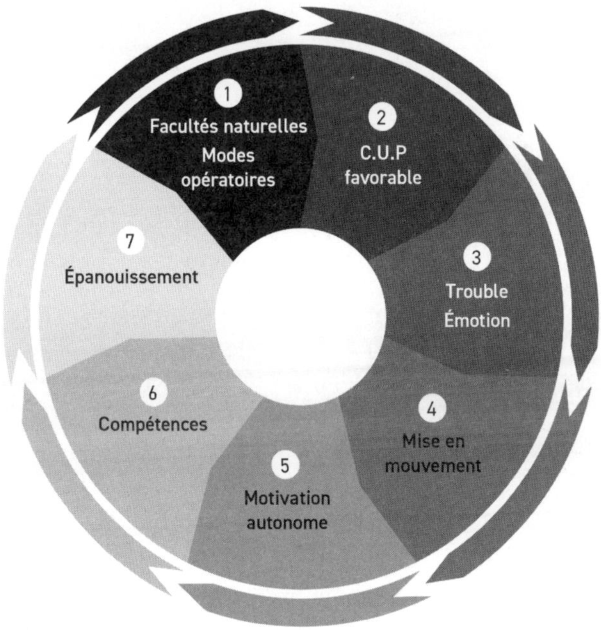

Nous avons atteint aujourd'hui les limites du seuil de tolérance pour un développement acceptable de notre espèce. Il devient urgent de recréer un espace fécond au niveau individuel et collectif. Cet espace implique de reconnaître la diversité humaine en permettant à chacun de découvrir ses modes opératoires et de les positionner dans des C.U.P. favorables à leur actualisation. Comme le montre le schéma ci-dessus, placés dans une forme d'optimum écologique[18], motivés intrinsèquement par les activités, les individus pourront monter en compétences et s'épanouir durablement. Avec ce changement de paradigme, nous pourrons ainsi ressourcer les individus et reféconder la société pour plus d'harmonie et de respect de soi, des autres et du monde qui nous entoure.

18. L'optimum écologique est un intervalle, ou une valeur, du gradient écologique pour lequel la croissance de l'espèce est maximale.

Conclusion

La conclusion de cet ouvrage s'est finalement imposée comme une évidence au regard des crises récurrentes d'ordre sanitaire, politique, énergétique et économique qui jalonnent notre quotidien. Ces périls, entrelacés à l'extrême urgence du sujet environnemental, rendent illusoire cette quête permanente de profit et d'individualisme.

En effet, la période d'obscurantisme que nous connaissons, asphyxiant l'individu et la société, menace désormais l'humanité dans son ensemble. Ceci se traduit, à l'échelle mondiale, par une économie libérale qui, loin d'être libératrice, nous aspire désormais vers l'effondrement, avec l'accroissement intolérable des inégalités, la raréfaction des ressources et la disparition accélérée des espèces et de notre habitat.

L'idéologie du système a entraîné, quant à elle, la diminution dramatique des solidarités autant que notre « asservissement volontaire » – un citoyen catégorisé et surveillé, à qui l'on ne demande plus de penser, mais seulement dc capter, de stocker et d'obéir aux informations qui lui parviennent.

Au niveau individuel, enfin, le bien-être matériel de la société de consommation ne s'est pas accompagné, d'un accroissement corrélatif du bien-être psychologique. Le désengagement progressif des salariés, la généralisation des violences, l'augmentation des maladies chroniques et du nombre de suicides traduisent cette inadéquation entre système proposé, capacités de la planète et aspirations des individus.

De leur côté, les « élites » économiques et politiques, incapables de traiter les problèmes vitaux (à moins qu'il ne s'agisse d'une volonté de leur part), conduisent fatalement le système vers sa régression ou sa destruction. Les résultats des élections européennes du 9 juin 2024, au moment du point final de ce livre, traduisent ce vide existentiel collectif et ce manque de discernement de nos dirigeants.

Le printemps renaissant au cœur de l'hiver, cette faillite généralisée offre, selon moi, un potentiel favorable pour reféconder la société et l'entreprise. Comme la Renaissance, émergeant de l'obscurantisme du Moyen Âge, ou les Trente Glorieuses, naissant des ruines des totalitarismes, un nouveau monde, s'enracinant dans ce libéralisme effréné, prend patiemment forme.

En effet, la mondialisation a eu un effet bénéfique collatéral : nous n'avons plus le choix et sommes désormais tous responsables du destin planétaire. Créer urgemment un nouveau récit, tel est le défi qui nous est proposé. Ce nouveau système devra s'éloigner du capitalisme, incapable de résoudre les crises humaines et climatiques qu'il a engendrées.

Que ce soit au niveau organisationnel ou environnemental, le chemin vers une refécondation commence, comme l'explique Edgar Morin, « par substituer à l'impératif unilatéral de croissance, un impératif complexe déterminant ce qui doit croître et décroître[1] ». Les années qui viennent seront passionnantes, car, selon Denis Meadows, « il y aura plus

1. Hessel, Stéphane et Morin, Edgar, Le chemin de l'espérance, Paris, Fayard, 2011, p. 13.

de changements sociaux, économiques et politiques dans les vingt années à venir que dans le siècle passé[2] ».

Je suis intimement convaincu que le changement n'ira pas de soi. Comme au temps des Homo sapiens, cohabitant avec l'homme de Néandertal, deux systèmes coexisteront. Certains modèles, dopés aux buts et aux valeurs extrinsèques, s'enfonceront vers toujours plus d'individualisme, de névroses et d'accumulation de richesses, synonymes à terme de désintégration. D'autres modèles, s'appuyant sur des buts intrinsèques et des valeurs humanistes, participeront à la construction d'un monde plus équilibré et altruiste, moins matérialiste et autocentré, et par conséquent favorable à l'épanouissement des générations actuelles et futures autant qu'à la préservation de la fertilité de nos écosystèmes.

Ce livre aura été utile si, au niveau individuel et collectif, il conduit à éveiller les consciences sur ce qui anime les individus, à comprendre l'impasse dans laquelle le système actuel nous mène, et ainsi à renoncer à la politique de l'autruche pour se montrer curieux de ce qui nous entoure.

Cet ouvrage remplira son ambition si, au niveau des organisations, il donne des grilles de lecture plus précises sur les enjeux actuels et des solutions utiles pour l'avenir, et s'il incite les acteurs de l'entreprise à agir vers la construction d'un système plus responsable, propice à la diversité humaine, à la pérennité des entreprises et à la sauvegarde de la planète.

---

2. Déclaration à l'occasion de la traduction française de la version revue et enrichie de 2004 de son ouvrage collectif *Les limites à la croissance*.

Du même auteur

Imprimé en UE (Bulgarie) par Colorix

Dépôt légal : quatrième trimestre 2024

Diffusion, distribution :
France, Belgique : DILISCO
Suisse : OLF
Canada (Québec) : SOMABEC